MUSÉE NATIONAL DU LOUVRE.

DESCRIPTION DES SCULPTURES DU MOYEN AGE, DE LA RENAISSANCE ET DES TEMPS MODERNES,

PAR

HENRY BARBET DE JOUY,
Conservateur.

PARIS,
CHARLES DE MOURGUES FRÈRES,
IMPRIMEURS DES MUSÉES NATIONAUX,
RUE J.-J.-ROUSSEAU, Nº 58.
—
1873.

PREMIÈRE PARTIE.

SCULPTURES

DU MOYEN AGE ET DE LA RENAISSANGE.

SCULPTEURS ITALIENS.

XVe ET XVIe SIÈCLES.

LUCA DELLA ROBBIA, *né à Florence en* 1400 (1), *mort en la même ville le* 22 *février* 1482 (2).

Contemporain de Lorenzo Ghiberti et de Donatello, comme eux il a taillé le marbre et travaillé en bronze : il a fait, en concurrence avec le dernier, les bas-reliefs justement célèbres qui ornaient la tribune de l'un des orgues de Sainte-Marie-des-Fleurs, et exécuté, pour la sacristie de la même église, une porte de bronze qui paraît digne du talent de Ghiberti. L'invention spontanée, ou l'application que Luca della Robbia a faite à la sculpture des procédés de la poterie en terre émaillée, a illustré son nom et sa famille ; ses plus beaux ouvrages en ce genre sont encore aujourd'hui l'une des gloires de Florence : on les admire sur les murs d'Or san Michele, à la chapelle des Pazzi, dans le chœur de Sainte-Marie-des-Fleurs, dans la basilique de San-Miniato. Le continuateur de Luca fut *André della Robbia*, son neveu, son élève, habitant et travaillant en la même maison, qui naquit à Florence en 1437 (3) et y mourut l'an 1528. Une grande composition en marbre, surmontant l'autel et formant le principal ornement de la chapelle de Sainte-Marie-des-Grâces, à peu de distance d'Arezzo, est une œuvre authentique de ce sculpteur qui permet d'étudier sa manière caractéristique et de classer ses productions en terre cuite émaillée, très-nombreuses dans les églises d'Arezzo, à Florence et dans les villes qui l'entourent, faisant une suite habile aux travaux de Luca, avec lesquels on les a trop souvent confondues. Trois fils d'André, *Jean, Luca* et *Jérôme* ont été les derniers héritiers de l'art transmis par leur père ; chacun d'eux l'exerçait dans des lieux différents : le premier dans sa patrie, le second à Rome, et Jérôme en France. Jean della Robbia, né en 1470, a inscrit son nom sur l'un de ses ouvrages (un tabernacle, dans l'église du couvent de Saint-Jérôme, pour les pauvres filles abandonnées, *via delle Poverine*), daté de 1521, et Vasari nous apprend que Luca, frère de Jean, fit, entre autres choses, les pavés des loges du Vatican ; c'est également lui qui nous dit que Jérôme della Robbia, sculpteur en marbre, en bronze et en terre émaillée, émule du Sansovino et de Baccio Bandinelli, fut conduit en France par quelques marchands florentins et qu'il y travailla pour le roi François 1er, au château de Madrid. Nous savons, en outre, que cet artiste italien a fait des terres émaillées pour Fontainebleau, et que c'est lui qui a exécuté la statue en marbre de la reine Catherine de Médicis, pour être placée, telle qu'on la voit encore aujourd'hui, dans l'abbaye de Saint-Denis, au tombeau de Henri II. Jérôme survécut à ses frères et était encore vivant de 1564 à 1565, car on lit dans les comptes des sépultures de Saint-Denis, sous les dates

---

(1) G. GAYE, *Carteggio*, no LXXI, t. I.
(2) Table du Vasari de Florence, 1870, t. XIV, fol. XXXIV.
(3) G. GAYE, *Carteggio*, no LXXII, t. I.

ci-dessus : « A Jherosme de la Robia.... Sur la figure d'un gisant de marbre
« blanc, de longueur de cinq pieds, représentant la figure de la Royne,
« pour mettre à la sépulture du feu roi Henri, dernier décédé.... » (1).

M. Jal a publié, en 1867, l'acte mortuaire de Jérôme della Robbia, architecte du roi, qui fut enterré dans l'église des Petits-Augustins, à Paris, le 4 août 1566.

Depuis l'année 1863, les sculptures en terre émaillée de Luca della Robbia et de son école ont été placées au premier étage du Louvre, dans le Musée de la Renaissance ; à celles qui provenaient de l'ancien fonds et qui, exposées d'abord dans la salle italienne de la sculpture, ont été comprises dans cette notice, sous les numéros 1 à 10, et y sont répétées pour mémoire, ont été adjointes dans le dernier classement quelques œuvres de cette école léguées par C. Sauvageot; d'autres, en plus grand nombre, lesquelles faisaient partie des collections du marquis Campana, acquises par la France en 1862, leur ont été réunies.

Les unes et les autres ont été décrites par M. Alfred Darcel, dans la notice qu'il a faite en 1864 des faïences peintes et terres cuites émaillées italiennes : elles y sont comprises sous les numéros G. 718 à G. 782.

Luca della Robbia.

1. LA VIERGE ADORANT JÉSUS.

Marie, agenouillée et les mains jointes, abaisse le visage vers son fils couché sur la crèche ; saint Jean-Baptiste, enfant, est posé un peu en arrière, dans l'attitude de la prière, et deux anges sont suspendus dans les airs. On remarque près du groupe principal une vache et un âne. Neuf têtes d'anges ailées forment autour de la composition un premier cadre que circonscrit une guirlande de lis et d'églantiers reliés par des rubans. — Médaillon circulaire de terre cuite émaillée : diamètre, 1,320. Les figures sont émaillées en blanc sur fond bleu, les feuillages sont verts.

Luca della Robbia (école de).

2. LA VIERGE ET L'ENFANT JÉSUS.

La Vierge, assise, soutient l'Enfant posé debout sur ses genoux ; Jésus bénit de la main droite et tient un fruit de la gauche. — Groupe de ronde bosse,

---

(1) Comte DE LABORDE, *la Renaissance des arts*, t. 1ᵉʳ, p. 513.

de terre cuite émaillée : hauteur, 1,230. Les chairs sont incolores et sans émail ; les vêtements sont émaillés et polychromes : la robe est violacée, le manteau est bleu extérieurement et vert à l'intérieur, le voile est blanc.

Luca della Robbia (école de).

3. Un Martyr.

Il est presque entièrement nu, posé debout et adossé à un arbre auquel sont attachés ses deux bras ramenés en arrière. Un nimbe entoure la tête, et vers le haut de l'encadrement, qui est formé par une guirlande de fruits, on remarque une couronne et deux palmes de martyre. — Figure entière de haut relief, de terre cuite. Les chairs sont incolores et sans émail ; un linge est figuré au-dessus des hanches et émaillé de blanc ; le nimbe est jaune ; le fond de la niche est de nuance violacée, et la guirlande de fruits est émaillée de tons variés. Hauteur, 1,710 ; largeur, 0,930.

Andrea DELLA ROBBIA, *né à Florence en 1437, mort en 1528.*

4. La Vierge adorant Jésus.

Marie est représentée à genoux, les mains jointes, contemplant l'Enfant-Jésus couché sur la crèche ; Dieu le Père, entouré de six anges dont on ne voit que les têtes ailées, regarde et bénit l'Enfant ; l'Esprit-Saint, sous la forme d'une colombe, vole au-dessus de lui. Le cadre, cintré par le haut, est formé d'un rang d'oves. — Bas-relief de terre cuite émaillée : hauteur, 0,670 ; largeur, 0,450. Les figures sont émaillées en blanc sur fond bleu.

Andrea della Robbia.

5. Jésus guérissant un malade.

Le Christ est représenté debout, relevant un homme qui est agenouillé et appuyé sur un long bâton. — Médaillon circulaire de terre cuite émaillée : diam., 1,020. Les chairs sont colorées ; la robe du Christ est de nuance violacée et le manteau bleu ; la tunique de l'homme agenouillé est verte (un médaillon entièrement semblable orne une des arcades de la loge de San-Paolo, à Florence).

Andrea della Robbia.

6. Sainte Anne (*tête de*). *Fragment.*

Les chairs sont incolores et ne sont pas émaillées ; la robe est bleue, le voile de couleur violacée, le linge blanc, le nimbe jaune. — Bas-relief de terre cuite émaillée : hauteur, 0,450.

Giovanni DELLA ROBBIA, *né en 1470, fils d'André.*

6 bis. Saint Georges *combattant un dragon.*

Il est représenté à cheval, vu de profil, revêtu de pied en cape d'une armure telle qu'ont été celles du XVe siècle. Le dragon est terrassé ; la jeune fille que l'on voit debout sur un tertre est la fille du roi de Lydie sauvée par le guerrier. — Bas-relief de terre cuite émaillée : hauteur, 0,440 ; largeur, 0,630.

Don de M. Grand, 1866.

Della Robbia (suite des). XVIe siècle.

Les quatre médaillons décrits à la suite, sous les numéros 7, 8, 9 et 10, ont été déplacés en 1863 et portés dans le Musée de la Renaissance, au premier étage du Louvre. On les peut voir dans la salle qui renferme les œuvres de Bernard Palissy.

7. Un sacrifice au dieu des jardins.

Une femme à demi nue, coiffée d'un diadème, assise, tient en la main droite un vase qu'elle présente comme une offrande à une divinité qui a la forme d'un terme; près d'elle sont assis ou accroupis deux adolescents : l'un, qui tient une flèche, est tel qu'on peint l'Amour; l'autre est étendu dans une attitude qui indique l'épuisement. — Médaillon circulaire, de terre cuite émaillée : diamètre, 0,450. Peinture en grisaille d'un ton violacé.

Della Robbia (suite des). XVIe SIÈCLE.

8. Épisode de la peste de Florence.

Au premier plan, un homme est étendu et mort; un autre, à demi couché, regarde deux personnages placés vers la gauche, qui étendent les bras vers un homme posé debout et dont le geste répond à leur appel; en arrière sont assis un homme, une femme et un enfant, et non loin sont des pans de murailles en ruines. — Médaillon circulaire, de terre cuite émaillée : diamètre, 0,450. Peinture en grisaille d'un ton violacé.

Della Robbia (suite des). XVIe SIÈCLE.

9. Le dieu Mars.

Il est représenté debout, ayant une épée en la main droite et appuyant la main gauche sur un bouclier. — Médaillon circulaire, de terre cuite émaillée : diamètre, 0,450. Reliefs blancs, fond violacé.

Della Robbia (suite des). XVIe SIÈCLE.

10. La Bienfaisance.

Elle est debout, portant un vase, et regarde un enfant nu et vu de dos qui tend les bras vers elle. — Médaillon circulaire, de terre cuite émaillée : diamètre, 0,450. Reliefs blancs, fond violacé.

M. Alexandre Lenoir a attribué ces quatre médaillons à Bernard Palissy: *Tableau explicatif des monuments français*, n° 453, pl. 120. Il assure qu'ils provenaient du château de Saint-Germain. Cette provenance est sans doute exacte, mais l'attribution est démentie par le mode de peinture et la nature de l'émail; l'opinion récente qui les avait fait inscrire sous le nom de Jérôme della Robbia, quoique plus rationnelle, n'est appuyée sur aucune preuve qui nous soit connue.

ÉCOLE FLORENTINE, XVᵉ SIÈCLE.

11. Sujet inconnu.

La scène se passe en une sorte de place circonscrite par des constructions dont l'architecture italienne et le style du XVᵉ siècle déterminent tout au moins l'origine et l'âge du bas-relief. Une maison occupe le côté gauche, et l'on y voit, à une hauteur de premier étage, deux personnages regardant par une fenêtre la scène animée qui remplit la place; à droite est une autre maison, close, et un pan de muraille crénelée, qui réunit les deux maisons et forme le fond du bas-relief, est orné de médaillons et de trois niches qui contiennent des statues : la niche du milieu est plus grande, plus élevée que les autres, et la statue représentant un adolescent debout et nu, tenant en main la foudre, est plutôt un empereur déifié que le dieu Jupiter; les deux autres statues sont Castor et Pollux, tous deux nus, debout, tous deux tenant une lance, l'un d'eux une sorte de fleuron qu'on ne distingue pas bien et l'autre une couronne. Au centre de la place est un autel sur lequel est un vase enflammé, et un homme coiffé d'un bonnet, dont le costume est court et l'aspect vulgaire, présente au-dessus des flammes un serpent inanimé; cet acte, qui semble commandé par un personnage important, vêtu en patricien et couronné de lauriers, qui est assis vers l'angle gauche sur un siége élevé et richement orné, paraît être la cause de tout le mouvement qu'on remarque à l'entour : ici, c'est un homme qui se tourne vers le magistrat comme pour applaudir à un ordre ingénieux; ce sont en arrière de l'autel trois sacrificateurs habillés de longues robes; deux soldats, l'un à droite, l'autre

SCUPTEURS ITALIENS, XVᵉ SIÈCLE.   11

à gauche, l'un vu de face, l'autre de dos et ayant un casque qu'accompagnent des petites ailes ; plusieurs personnages distribués sur les côtés et dans le fond, ne prenant qu'une assez faible part à l'action, tandis que trois hommes ayant le même costume que celui qui tient le serpent au-dessus des flammes, sont représentés agités et le poing fermé, s'éloignant avec vivacité de l'autel où l'on peut croire que leur sort s'est décidé, et l'un d'eux, soulevant le marteau de la porte de droite, est prêt à la frapper du poing. Une inscription gravée au-dessous de la scène en expliquait sans doute le sujet, mais on ne peut plus lire que quelques-unes des lettres. — Bas-relief de bronze : longueur, 0,420 ; hauteur, 0,355.

ÉCOLE MILANAISE, FIN DU XVᵉ SIÈCLE.

11 bis. UNE JEUNE FEMME

Dont la chevelure lisse est renfermée dans une coiffe d'étoffe transparente qui suit exactement les contours de la tête. La robe, laissant voir la naissance des seins, est sans aucun pli. — Buste de marbre : hauteur, 0,480.

DESIDERIO DA SETTIGNANO, *né en 14.., mort en 1485.*

Il fut un imitateur de Donato : son œuvre la plus célèbre est le tombeau de Carlo Mursuppini d'Arezzo, qui est placé dans l'église de Santa-Croce, à Florence ; ce monument précieux a été gravé dans le livre de Cicognara et dans celui de Gonnelli.

12. BÉATRIX D'ESTE (1), *fille d'Hercule Iᵉʳ, duc de Ferrare, représentée à l'âge de 12 à 13 ans.*

« Cette princesse, née en 1473, épousa en 1491
« Louis le Maure, duc de Milan ; elle mourut en 1497.

---

(1) Jules LABARTE, *Description des objets d'art qui composent la collection Debruge-Duménil*, p. 444.

« Sur le socle est gravée cette inscription : DIVAE. BEA-
« TRICI.D.HERCVL.F. — Buste de marbre : hauteur,
« 0,620. »

Il provient de la collection de M. Debruge-Duménil, n° 103 du catalogue.

MINO, *né à Fiesole en 1400, mort en 1486.*

Vasari parle de cet artiste comme d'un praticien qui, travaillant pour Desiderio da Settignano, se serait formé à son école. De Florence il se rendit à Rome où bientôt il devint un maître : l'on y peut étudier ses progrès par les sculptures qui, après la reconstruction de Saint-Pierre, ont été descendues dans l'église souterraine, et celles qui sont demeurées sous les voûtes de la Minerve. Mais c'est à Florence, dans la Badia, qu'est son œuvre la plus importante, la sépulture du comte Ugo. L'on voit des travaux de Mino, à Prato, à Pérouse, à Volterra, et dans sa ville natale, à Fiesole, ceux qu'il a exécutés à l'âge où son talent avait acquis toute sa force.

Mino da Fiesole.

12 *bis*. LA VIERGE ET L'ENFANT JÉSUS.

La Vierge, assise, est vue jusqu'au-dessous des genoux; son habillement consiste en une robe, un manteau, un léger voile sur la tête; ses deux mains soutiennent l'Enfant qui est entièrement nu, assis sur la jambe droite de sa mère, posé sur un petit coussin. Il joue avec l'extrémité de la ceinture dont est entourée la robe de la Vierge; les nimbes sont dorés et quelques touches d'or rehaussent les cheveux ou tracent des broderies sur les bords des vêtements; près de la volute du fauteuil sont sculptées les armoiries du donateur. — Bas-relief de marbre : hauteur, 0,600; largeur, 0,460.

Donné par M. His de la Salle, en 1862.

ANTONIO ROSSELLINO, *sculpteur florentin, né en 1427, mort vers 1490.*

Il a exécuté en 1466, dans une chapelle de l'église de San-Miniato, le tombeau d'un cardinal, Portugais de nation, mort fort jeune, renommé par sa piété et sa rare beauté. Cette sépulture, entourée d'œuvres trèsélégantes, est fort admirée. Elle a été gravée dans le livre de Gonnelli, *Monuments funèbres de la Toscane*. En collaboration avec Mino da Fiesole, Rossellino a travaillé à la chaire de l'église cathédrale de Prato.

Antonio Rossellino.

12 ter. LA VIERGE ET L'ENFANT JÉSUS.

La Vierge, assise, a les mains posées sur l'Enfant divin qui, debout, nu, bénit de la main droite ; le globe surmonté d'une croix qu'il tient dans la gauche symbolise l'empire de la croix sur le monde ; des ornements sculptés forment sur trois côtés un cadre qui inscrit le groupe : les fleurs virginales du lis rejoignent par des palmettes l'étoile de Marie. — Bas-relief de marbre : hauteur, 0,960 ; largeur, 0,660. — Il a été acquis en 1862, faisant partie des collections du marquis Campana.

N° 27 du catalogue des sculptures de la Renaissance (1).

PAOLO ROMANO, *sculpteur et orfévre*.

Vasari dit qu'il était fils de Paolo Giancristoforo Romano, qui fut aussi un artiste habile; les œuvres qu'il attribue à Paolo, comme sculpteur, sont une statue de saint Paul qu'il fit pour le pape Pie II et la figure équestre d'un homme armé qui était à Saint-Pierre et qui ne serait autre que le bas-relief décrit ci-dessous; cette sculpture, après avoir été transportée à la villa Borghèse, fut acquise pour la France en même temps que la belle collection qui y était réunie.

13. ROBERT MALATESTA, *seigneur de Rimini, général des armées de Sixte IV, della Rovere.*

Représenté à cheval, la tête nue, le corps revêtu d'une armure, il tient de la main droite le bois d'une lance; deux hommes d'armes l'accompagnent, l'un marchant en arrière, l'autre plus qu'à demi caché par le cheval. On lit vers l'angle gauche supérieur : ROBERTVS

(1) Catalogue des tableaux, des sculptures de la Renaissance et des majoliques du Musée Napoléon III, 1862.

MALATESTA ARIMINENSIS. — Bas-relief de marbre : hauteur, 1,570; largeur, 1,460.

Collection Borghèse (1).

ÉCOLE DU NORD DE L'ITALIE, XVIe SIÈCLE.

13 bis. TÊTE DE BRONZE

D'un homme jeune et fort : la chevelure bouclée est très-abondante. La poitrine est de marbre, simulant une pièce d'armure rattachée par une agrafe aux plis d'une draperie. L'agrafe est composée d'un mufle de lion, d'un anneau, d'un croissant, et des chaînes qui les relient. — Buste sur piédouche : hauteur, 0,600.

ÉCOLE DU NORD DE L'ITALIE, XVIe SIÈCLE.

13 ter. TÊTE DE BRONZE

D'une très-jeune femme. La chevelure est enveloppée par des rubans. La draperie indiquant la poitrine est de marbre : elle n'est composée que de quelques plis rassemblés par un bijou de forme ovale. — Buste sur piédouche : hauteur, 0,550.

XVIe SIÈCLE.

14. LA VIERGE ADORANT JÉSUS.

Le visage est vu de profil; la figure, à mi-corps, est drapée; l'enfant est nu et couché; les têtes sont nimbées, quelques accessoires sont dorés et le fond est couvert d'une peinture, en deux couleurs et or, imitant une étoffe. — Bas-relief de marbre : hauteur, 0,535 ; largeur, 0,430.

(1) *Villa Borghese, descritta da Jacomo Manilli, romano,* 1650, p. 38.

XVIe SIÈCLE.

15. LA VIERGE ET L'ENFANT JÉSUS.

L'Enfant, nu et posé debout, se penche vers sa mère, qui est représentée à mi-corps; une fine guirlande de feuillages est indiquée sur le fond. — Bas-relief d'albâtre : hauteur, 0,330; largeur, 0,210.

PIERINO DA VINCI, *né en 1520? mort en 1554?*

Neveu de Lionardo da Vinci, mais né après sa mort; il eut pour maître, à Florence, le Tribolo, qui l'employa à ses travaux; il s'en sépara pour aller à Rome, plus tard à Pise : imitateur de Michelange, dans ses dernières œuvres.

15 bis. SAINTE-FAMILLE.

La Vierge, assise sur la terre, tient un livre dans la main droite; de la gauche elle presse le corps de l'enfant Jésus qui est nu, placé sur les genoux de sa mère, et endormi. Saint Jean-Baptiste, enfant dans l'attitude de l'adoration, contemple le sommeil du Christ; en arrière du groupe, on voit une draperie qui est nouée au tronc d'un arbre et qu'un ange, par un mouvement vif, étend pour abriter la sainte famille. — Bas-relief de marbre : hauteur, 0,360 ; largeur, 0,270.

LORENZO DA MUGIANO, *Milanais, travaillait en 1508.*

16. LOUIS XII, *roi de France, né en 1462, mort en 1515.*

Il est représenté debout, la main droite relevée et la gauche appuyée sur une tablette où sont figurées par un de leurs monuments et indiquées par des initiales, les villes principales de l'Italie : MI. (Milano), FI. (Firenza), R. (Roma), VE. (Verona), IT. (Italia). Le roi a la tête nue et est revêtu d'une armure; on remarque sur la cuirasse un épisode d'un combat équestre et, au-dessous, une mêlée de fantassins; dans l'un et dans l'autre, un personnage dont le casque a pour cimier une fleur de lis, joue le rôle principal, et les deux actions doivent être allusives à la valeur du prince; plus bas et sur une bandelette qui contourne le bord, on lit : **MEDIO-LANENSIS-LAVRENCIVS-DEMVGIANO-OPUS-FECIT-1508.** — Statue d'albâtre : hauteur, 1,910.

La statue de Laurent de Mugiano, que nous savons avoir été transportée de Milan au château de Gaillon en 1508 (1), était à mi-corps; la tête avait été détruite lorsque M. Alexandre Lenoir recueillit les débris de l'œuvre du sculpteur milanais, et celle qui la remplace a été ordonnée par lui et faite par P. Beauvallet (2). Ce ne fut que plus tard, et pour le Musée historique de Versailles, que la demi-figure fut transformée en une statue en pied par l'adjonction des jambes et des accessoires qui y sont joints (3). Un buste en bronze, qui était un surmoulé, a été exposé au Louvre, dans une des salles du Musée d'Angoulême (4).

17. Vasque de marbre, *provenant de la fontaine qui occupait le centre de la cour du château de Gaillon* (5).

La base est triangulaire; le pied, en forme de fût, est orné de stries, de feuilles d'eau, de feuillages de chêne, et entouré d'une couronne héraldique. On remarque sur la coupe quatre masques d'animaux, dont la gueule est percée pour livrer passage aux eaux, et sur le bord une frise d'ornements et de fleurs de lis. Au centre de la coupe s'élève un autre fût semblablement décoré. — Hauteur, 2,420.

La fontaine dont cette vasque n'est qu'un fragment, était un don de la république de Venise au cardinal d'Amboise. On lisait sur les murs du châ-

(1) A. Deville, *Comptes et dépenses de la construction du château de Gaillon.*

(2) A. Lenoir, *Musée impérial des monuments français,* 1810, n° 446; description. p. 221.

(3) *Notice des sculptures du palais de Versailles,* 1839, n° 175, p. 147.

(4) Comte de Clarac, *Musée de la sculpture française,* 1824, n° 38, p. 34.

(5) Androuet Ducerceau, *Des plus excellents bâtiments de France,* Gaillon.

teau de Gaillon: STVPENDO FONTE MARMOREO EX VENETORVM MVNERE ILLVSTRATVS (1). Elle fut démolie en 1757 et les matériaux furent vendus. M. A. Lenoir (2) nous apprend qu'il fit l'acquisition de cette vasque d'un marbrier nommé Mazetti. Elle passa du Musée des Petits-Augustins en celui du Louvre (3).

17. A. *Pilastre*, xvie siècle. Attributs empruntés aux usages domestiques, d'une exécution exquise. — Bas-relief, marbre : hauteur, 1,160 ; largeur, 0,170.

17. B. *Pilastre*, xvie siècle. Attributs empruntés aux usages domestiques, pendant du précédent. — Bas-relief, marbre : hauteur, 1,160 ; largeur, 0,170.

17. C. *Pilastre*, xvie siècle. Masque, groupe d'animaux fantastiques. — Bas-relief, marbre : hauteur, 2,060 ; largeur, 0,275.

17. D. *Pilastre*, xvie siècle. Masque, groupes d'animaux fantastiques. — Bas-relief, marbre : hauteur, 2,060 ; largeur, 0,275.

17. E. *Pilastre*, xvie siècle. Il porte son chapiteau et sa base. L'ornement figure un candélabre. — Bas-relief, marbre : hauteur, 1,360 ; largeur, 0,140.

17. F. *Pilastre*, xvie siècle. Fleurs, feuillages et épis ; les épaisseurs sont ornées, un chapiteau le surmonte. — Bas-relief, marbre : hauteur, 1,060 ; largeur, 0,175.

17. G. *Pilastre* (Fragment de), xvie siècle. Rinceaux d'ornements, chapiteau superposé ; les épaisseurs sont décorées. — Bas-relief, marbre : hauteur, 1,160 ; largeur, 0,230.

17. H. *Pilastre* (Partie inférieure d'un), xvie siècle. Il est sculpté sur les quatre faces. Fleurs et feuillages librement composés, finement exécutés. — Bas-relief, marbre : hauteur, 1,250 ; largeur, 0,285.

---

(1) A. DEVILLE, *Comptes de dépenses de la construction du château de Gaillon.*
(2) A. LENOIR, *Description des monuments français*, n° 542, p. 244.
(3) Comte DE CLARAC, *Description*, n° 65, p. 44.

17. I. *Pilastre* (Partie inférieure d'un), xvıᵉ siècle. Les épaisseurs sont décorées. Rinceaux de fleurs et feuillages, oiseaux. — Bas-relief, marbre : hauteur, 1,350 ; largeur, 0,240.

17. J. *Pilastre* (Partie supérieure d'un), xvıᵉ siècle. Fines arabesques. — Bas-relief, marbre : hauteur, 0,560 ; largeur, 0,140.

17. K. *Soffite*, xvıᵉ siècle. Profilé sur une des épaisseurs. Ornements arabesques, oiseaux, masques, une étoile au centre.—Bas-relief, marbre : longueur, 1,675 ; largeur, 0,300.

17. L. *Tablette* d'une base, xvıᵉ siècle. Candélabre, animaux chimériques. — Bas-relief, marbre : hauteur, 0,610 ; largeur, 0,290.

17. M. *Tablette* d'une base, xvıᵉ siècle. Candélabre, attributs maritimes. — Bas-relief, marbre : hauteur, 0,615 ; largeur, 0,290.

Les neuf fragments d'architecture inscrits sous les numéros 17 A à 17 I, ont été acquis avec les collections du marquis Campana; quelques-uns sont décrits dans le Catalogue des tableaux et sculptures de la Renaissance (Firmin Didot, 186), sous les nᵒˢ 26, 85, 94.
Les quatre derniers, 17 J à 17 M, proviennent, comme la vasque nº 17, du château de Gaillon.

ANDREA **RICCIO**, *né à Padoue en 1480, mort le 8 juillet* 1532.

Sainte Justine de Padoue, construite sur ses dessins, et un très-magnifique candélabre en bronze, érigé dans l'église de Saint-Antoine, ont, dans sa ville natale, conservé sa mémoire comme architecte et sculpteur ; c'est à Vérone et pour le tombeau des Torriani, en l'église de San-Fermo-Maggiore, qu'il fit une suite de huit bas-reliefs en bronze qui furent transportés d'Italie en France, l'an 1797, et ajustés dans une porte de la salle des Cariatides, au Louvre, où ils sont restés jusqu'à ce jour. L'historien Maffei (1) dit que Jules, Jean-Baptiste et Raimond della Torre, peu d'années après la mort prématurée de leur frère Marc-Antoine, firent

(1) MAFFEI, *Verona illustrata.*

construire un superbe mausolée en l'église de San-Fermo-Maggiore de Vérone, pour y réunir ses restes, transportés de Riva, à ceux de Jérôme, leur père, qui était mort à Padoue; l'un et l'autre s'étaient illustrés par leur savoir et avaient professé la médecine avec éclat ; mais Marc-Antoine avait eu de plus grands succès que son père, et, comme il était mort en la maturité de l'âge, l'on peut croire que c'est lui plutôt que Jérôme qui est représenté, jeune encore, dans les bas-reliefs qui ornaient une sépulture qui leur fut commune. Marc-Antoine della Torre vivant encore en 1510, et Andrea Riccio étant mort en l'an 1532, c'est entre ces deux dates qu'il faut placer l'exécution de ces œuvres élégantes dont le style et de nombreux emprunts faits aux idées païennes témoignent du goût de leur auteur pour les monuments de l'antiquité. Une épitaphe en l'honneur d'Andrea Riccio, retrouvée par J. Morelli (1), car elle n'est point celle que l'on lit sur son tombeau, a restitué à ce sculpteur le monument des della Torre, dont jusqu'alors l'auteur était resté incertain; elle est conçue ainsi qu'il suit :

ANDREÆ CRISPO BRIOSCO PAT. (avino)
STATUARIO NOSTRÆ TEMPESTATIS EXIMIO
VEL CANDELABRO ÆNEO D'ANTONII
ET SEPVLCHRO INSIGNI TVRRIANORVM VERONENSIVM
CVM ANTIQVIS CONFERENDO
ALEXANDER BASSIANVS ET IOHANNES CAVINVS

Ce sont les célèbres graveurs A. Bassiano et J. Cavini dont les œuvres forment une suite célèbre connue sous le nom de médailles des Padouans.

TESTAMENTI CVRATORES
AMICO BEN. MR (erito)
HANC PERPETVÆ QVIETIS SEDEM POS. (uerunt)
AN. MDXXXII.

L'épitaphe inscrite sur le tombeau d'André Riccio, dans l'église de San-Giovanni in Verdara, à Padoue, ajoute à cette date quelque chose de plus :

....
VIX. AN. LXII. MENS. III. DIES VII.
OBIIT VIII. ID. IVLII. MDXXXII.

Andrea Riccio.

18. Della Torre enseignant la médecine.

C'est sous les yeux d'Apollon et d'Hygie, en avant d'une statue de Minerve, en une contrée où croissent le palmier, le dattier et l'olivier, qu'on le voit assis et couronné de lauriers, tenant un livre sur lequel un de ses doigts marque le passage qu'il commente ; plusieurs hommes, la plupart imberbes, qui sont debout et écoutent avec attention, forment un groupe posé du côté droit; de l'autre est une figure de femme, coiffée de créneaux, personnifiant la ville dont elle porte de-

(1) *Notizia d'opere di disegno, scritta da un anonimo.* Bassano, 1800.

vant elle, comme sur un plateau, l'enceinte et les monuments, et, au premier plan, vers l'angle, le fleuve, sous les traits d'un vieillard, est penché sur les urnes d'où s'écoulent ses eaux. — Bas-relief de bronze : longueur, 0,490 ; hauteur, 0,370.

Andrea Riccio.

19. Les derniers moments de Della Torre.

Il est représenté nu et assis sur un lit de forme antique, soulevé par une jeune femme qui le tient embrassé, et recevant les soins de deux autres. Les hommes qui entourent son lit sont au nombre de trois, comme étaient ses frères : l'un est près du chevet, l'autre au pied, et le troisième conseille une des femmes, qui présente un breuvage au malade ; Apollon, mêlé à la famille, bénit son disciple. A gauche est le groupe des Parques : Clotho porte la quenouille, Atropos approche ses ciseaux, et Lachesis, assise, arrête le fuseau, tenant en signe d'accord, dans l'une de ses mains, la main de sa sœur. A droite, sont trois autres femmes, et l'une d'elles, penchée sur un trépied enflammé, cherche à entretenir un feu que l'on peut croire près de s'éteindre. — Bas-relief de bronze : longueur, 0,490 ; hauteur, 0,370.

Andrea Riccio.

20. Sacrifice offert aux dieux, pour obtenir la guérison de Della Torre.

Un temple occupe le fond, et au centre de la composition est un autel sur lequel sacrifient, en présence des prêtres, deux des principaux personnages ; un troisième (on retrouve encore ici un nombre égal à celui des frères de Marc-Antoine) est agenouillé, les mains croisées sur la poitrine, remerciant le ciel d'un heureux présage, car sur un plus petit autel, placé en

avant de l'autre, on voit un serpent qui se dresse pour
se nourrir de l'offrande. Le concours des assistants est
considérable, ainsi que le nombre des victimes : l'un
présente un vase, deux tiennent des cornes remplies de
fruits, un homme porte un bouc sur ses épaules, un
autre retient un bélier; l'on remarque au milieu de la
foule un jeune homme égorgeant un mouton dont le sang
est recueilli en une tasse par un enfant, et vers la
droite, deux hommes jeunes, nus, qui sont à genoux et
cherchent à arrêter un porc qui fait des efforts violents
pour leur échapper, tandis qu'un petit génie ailé fait le
geste de le frapper; au premier plan, vers la gauche,
est un jeune enfant qui approche d'un bélier un grand
vase, comme pour l'y faire boire. — Bas-relief de bronze :
longueur, 0,490; hauteur, 0,370.

Andrea Riccio.

21. Mort de della Torre.

Il est nu, étendu sur son lit, soulevé vers le haut du
corps par deux serviteurs, tandis qu'un troisième tient
les jambes. On voit à la tête du lit un personnage qui
s'abaisse vers le visage du mort, pour examiner si la
vie a cessé; vers les pieds est un autre qui lit, et tout à
fait vers la droite un troisième qui est assis, se tenant le
front, et semblant abattu par la douleur; six femmes,
placées en arrière, sont représentées dans des attitudes
variées, mais qui toutes expriment le désespoir. Quatre
hommes sont groupés vers la gauche, et sept du côté
droit, attristés ou pleurant. Sur le fond d'architecture
se détachent six torches dressées et enflammées. Deux
figures symboliques, posées en avant du lit, complètent
et expliquent la composition : l'une est un enfant agenouillé qui souffle, pour les éteindre, sur les dernières
flammes d'un brasier, en signe de la vie qui a cessé;
l'autre est le génie de l'étude, portant un livre et une
palme, qui s'éloigne de l'ami qu'il vient de perdre.

— Bas-relief de bronze : longueur, 0,490 ; hauteur, 0,370.

Andrea Riccio.

22. Funérailles de della Torre.

Le tombeau, placé vers le centre, est la représentation de celui que les frères de Marc-Antoine firent ériger à Vérone, dans l'église de San-Fermo. C'est l'un d'eux, sans doute, qui, incliné vers la gauche, examine tristement la scène qui se passe et dont le caractère sévère est symbolisé par l'action de deux enfants dont l'un est effrayé en apercevant l'autre, qui a caché son jeune visage derrière un masque tragique. En arrière de cet homme est un groupe nombreux, et très-près de lui un jeune garçon qui cherche à voir ce qu'on fait du côté opposé : c'est là que deux hommes soutiennent un vase de forme antique et qu'un vieillard à longue barbe, tenant de la main gauche un volumen, de la droite une branche d'olivier, se détache d'un groupe d'hommes et de femmes qui semblent l'écouter avec respect. — Bas-relief de bronze : longueur, 0,490 ; hauteur, 0,370.

Andrea Riccio.

23. L'Enfer.

Le sculpteur a représenté vers la gauche, sortant d'une caverne, tous les monstres inventés par les poëtes de l'antiquité, et en reproduisant sous les traits les plus hideux les harpies, les centaures, les gorgones et la chimère, qu'il a faite semblable à celle qu'on retrouva en Toscane au XVe siècle, il en a ajouté d'imaginaires qui ne sont pas les moins farouches. Ces êtres abominables sont mis en émoi par le voisinage d'une âme que l'on voit, sous la forme d'un jeune homme, endormie au pied de l'arbre des songes ; c'est celle de della Torre, qui a quitté son corps et que nous reverrons ainsi rajeuni dans le séjour des élus. Du côté droit l'on voit le vieux Caron assis dans sa barque et paraissant fort indécis; on comprend qu'il écoute, sans être encore gagné, les instances de dix petits génies qui, réunis en troupe sur le bord du Styx, intercèdent en faveur de della Torre qui les aima sur la terre. L'un d'eux porte un livre, et l'on reconnaît en lui celui qui, dans le bas-relief de la mort, est figuré s'éloignant du savant qui a cessé de vivre. — Bas-relief de bronze : longueur, 0,490; hauteur, 0,370.

Andrea Riccio.

24. Della Torre récompensé dans un autre monde.

En un lieu planté d'arbres qui se détachent sur un fond de montagnes ; l'on reconnaît l'âme de della Torre, telle qu'on l'a vue, dans le bas-relief de l'Enfer, endormie sous l'arbre des songes ; il est nu et coiffé de fleurs; une nymphe l'entraîne en dansant, qui le caresse d'une main et retient de l'autre le même génie de l'étude que nous avons vu déjà deux fois ; l'on retrouverait facilement la troupe entière, car, très-près de là, trois sont réunis, lisant ensemble dans un livre que tient l'un d'eux; plus loin d'autres dansent, deux accompagnent avec des instruments de musique, et vers le haut l'on remarque un petit génie seul et buvant dans un courant d'eau qui descend de la montagne. Vers la gauche, est un homme de formes épaisses, assis nonchalamment, ayant à ses côtés un enfant et une femme coiffée de pampres, et cet homme cherche à retenir l'âme élégante qui s'éloigne de lui; les Grâces sont groupées en arrière et, non loin, sont deux jeunes gens qui se tiennent embrassés, en présence d'une femme portant le flambeau de l'hymen. Une scène tout à fait distincte est figurée vers la gauche : quatre sages sont représentés à l'écart, assis et endormis, ayant à leurs pieds les insignes de la science : on pourrait croire que ce sont les quatre fils de Jérôme della Torre, que Marc-Antoine est celui que la Renommée couronne, et que Jules, Jean-Baptiste et Raimond se sont de leur vivant fait représenter réunis, dans le séjour des élus, au frère qu'ils avaient aimé. — Bas-relief de bronze : longueur, 0,490 ; hauteur, 0,370.

Andrea Riccio.

25. DELLA TORRE RÉCOMPENSÉ SUR LA TERRE.

L'homme illustre n'a laissé sur la terre que son squelette, que l'on voit adossé contre un arbre mort ; la séparation de l'âme est indiquée par le déchirement de toute la poitrine qui laisse apercevoir un large espace vide et dont les parois sont rongées ; un livre est déposé à terre, et près du livre un vase dont l'anse porte une petite lampe ; le mot VIRTVTIS (PRÆMIVM) est inscrit sur le vase, dont les ouvertures livrent passage à une branche d'épines avec un rameau d'olivier ; près de là est une petite corne d'abondance. La figure principale est la Renommée, ailée, tenant une couronne de la main gauche, ne touchant que d'un pied au globe terrestre (on remarque en sa bouche un court fragment de la trompette qu'elle soutenait de la main droite et qui aura été brisée). Vers la gauche est le cheval Pégase, dont la pose est animée et qui fait jaillir en frappant du pied la fontaine Hippocrène. — Bas-relief de bronze : longueur, 0,490 ; hauteur, 0,370.

XVIᵉ SIÈCLE.

26. Les travaux d'Hercule, Judith portant la tête d'Holopherne, des figures de femmes nues et des scènes de chasse sont les principaux motifs d'ornementation d'un vase dont la destination sacrée est indiquée par des inscriptions gravées en relief que l'on lit dans l'intérieur ; l'une d'elles est : REGINA. CELI. LETARE. ALLELVIA. QVEM. MERVISTI. PORTARE. ALLELVIA. RES.

(urrexit) et l'autre: IN. TE. DOMINE. COMFIDO. — Vase de bronze : hauteur, 0,375 ; diamètre, 0,430.

27. Une frise d'ornements occupe sur ce vase la même place que sur le précédent la suite de figures qui a été indiquée : c'en est la seule différence; des guirlandes, des têtes de chérubins et de larges feuillages complètent la décoration de l'un comme de l'autre. Dans l'intérieur, on lit également sur le bord : REGINA. CELI. LETARE. QVIA. QVEM. MERVISTI. PORTARE. ALLELVIA. RESVR. (rexit), et l'on voit au fond une tête de Tibère. — Vase de bronze : hauteur, 0,375 ; diamètre, 0,430.

Ces deux vases ont appartenu à l'église de Saint-Eustache. L'un d'eux, c'est le second, a fait partie du Musée des monuments français [1], et M. A. Lenoir, qui le décrit, nous apprend que de son temps le premier se voyait déjà au Musée Napoléon.

ÉCOLE BOLONAISE, XVIe SIÈCLE.

27 bis. FRAGMENT D'UNE FRISE.

Un terme de Priape sépare deux tablettes que décoraient des imitations de bas-reliefs antiques ; l'un deux est entier : on y voit un jeune homme, étendu sur un lit pris duquel est un trépied ; dans sa main gauche est une couronne et de la droite il attire une femme posée debout, vue de face, le buste découvert. Un jeune esclave se tient près de la porte. — Bas-relief, marbre : hauteur, 0,500 ; longueur, 0,780.

MICHELAGNOLO **BUONARROTI**, *sculpteur, peintre et architecte, né le 6 mars 1475, en Toscane, mort le 18 février 1564, à Rome.*

Il excella dans tous les arts et aima de prédilection la sculpture. Il s'y était déjà distingué et était âgé de trente ans lorsque le pape Jules II voulut

[1] A. LENOIR, *Musée des monuments français*, t. IV, p. 142, pl. 155.

que de son vivant Michel-Ange fit son tombeau. Le projet qui nous est connu par les descriptions de Vasari et d'Ascanio Condivi, par un dessin conservé à la galerie de Florence, et une gravure de l'édition du Vasari de 1772 (1), était tel que ce sera toujours un regret qu'il n'ait point été achevé comme il avait été conçu, ni placé où il devait être. Jules II mourut en 1513; quatre papes lui succédèrent en l'espace de trente ans, et Michel-Ange, occupé par eux à d'autres travaux, abandonna et reprit tour à tour les sculptures du tombeau. Du vivant de Jules II, et depuis sa mort, il avait terminé de sa main, à Rome, deux prisonniers; il en avait ébauché d'autres; il avait achevé une Victoire foulant à ses pieds un captif; il avait fait la statue de Moïse. Le pape Paul III, jaloux d'employer l'artiste le plus illustre de son temps à des travaux auxquels nous devons la peinture du Jugement dernier, le contraignit à changer et restreindre ses projets pour la sépulture de Jules II, et à la terminer telle qu'on la voit aujourd'hui dans l'église de Saint-Pierre-aux-Liens : trois statues sont de la main de Michel-Ange; l'une d'elles est le Moïse, et, ainsi que l'observa le cardinal de Mantoue, cette figure seule suffisait pour honorer le pape Jules II. Nous devons à cet enchaînement de faits la possession des deux Prisonniers : comme ils n'avaient plus leur place dans le monument de Saint-Pierre-aux-Liens, Michel-Ange les donna au seigneur Robert Strozzi, qui l'avait recueilli malade en sa maison, et celui-ci en fit don au roi François Ier.

Michelange.

28. Un Prisonnier.

Nu, debout; c'est un homme dans l'âge de la force et d'une constitution vigoureuse; il semble faire un effort violent pour dégager ses bras des liens qui les retiennent et élève ses regards vers le ciel avec désespoir. — Statue de marbre : hauteur, 2,150.

Michelange.

29. Un Prisonnier.

Nu, debout, le bras droit ramené sur la poitrine, le gauche replié au-dessus de la tête. Il est jeune et de formes élégantes; l'attitude du corps et l'air du visage expriment l'abattement et la souffrance. — Statue de marbre : hauteur, 2,150.

Il est probable que le roi François Ier donna ces deux statues au connétable Anne de Montmorency, car du vivant de Vasari elles étaient à Ecouen,

---

(1) G. Vasari, *Vita di Michelagnolo Bonarroti*, t. VI, p. 186.

et y étaient encore lorsque Androuet Ducerceau a publié *les Vues du château* (1). Elles en furent enlevées en 1632 (2) pour être transportées dans la superbe demeure construite en Poitou par le cardinal de Richelieu (3). Ce fut le dernier maréchal de ce nom qui les fit transférer à Paris, dans le jardin de son hôtel, et sa veuve les avait placées dans une maison qu'elle habitait au faubourg du Roule ; c'est là qu'en 1793 M. Alexandre Lenoir les trouva abandonnées dans une écurie, en empêcha la vente et les acquit à l'Etat (4).

Michelange (d'après).

30. MOÏSE, *réduction de la statue du tombeau de Jules II, qui est à Rome dans l'église de Saint-Pierre-aux-Liens.*

Il est assis, le bras droit posé sur la table de la loi, le gauche ramené vers la ceinture. Sa barbe est très-longue et flottante, sur sa tête on remarque deux petites cornes mêlées à la chevelure ; une draperie couvre le corps et retombe au long des jambes. Sur la tablette qui soutient le bras droit a été gravée dans la masse et avant la cuisson l'inscription qui suit :

ADI 4 OTTOBRE 1519 MBF (Michelagnolo Buonarroti fecit.)
— Statuette de terre cuite : hauteur, 0,500.

Michelange (d'après).

31 à 34. Copies réduites des figures allégoriques qui ornent les tombeaux de Julien et de Laurent de Médicis, dans une chapelle de San-Lorenzo, à Florence. Elles représentent :

LE JOUR.
LA NUIT.
L'AURORE.
LE CRÉPUSCULE.

Statuettes de bronze : longueur, 0,560.

(1) J. ANDROUET DUCERCEAU, *Des plus excellents bastiments de France*, 1610.
(2) SAUVAL, *Antiquités de Paris*, t. II, p. 142.
(3) *Le Chasteau de Richelieu*, par M. VIGNIER, à Saumur, 1676.
(4) Alexandre LENOIR, *Description des Ouvrages de la sculpture française*, 1824, nos 5 et 7.

28 SCULPTEURS ITALIENS, XVIᵉ SIÈCLE.

Michelange (École de).

34 bis. JASON VAINQUEUR.

Nu, debout, il presse sous son pied gauche le cou du monstre qui expire ; la main droite abaissée étreint le fragment d'une arme qui a été brisée. Le jeune héros regarde à terre ; son bras droit, relevé et rejeté en arrière, entoure sa tête. En travers de la poitrine et du dos sont indiquées les lignes d'un baudrier qui descend de l'épaule droite. — Statue de bronze : haut., 2,000.

Ce bronze a été placé, jusqu'en 1870, dans le jardin réservé de Saint-Cloud. Il a été rapporté à Paris le 14 février 1872 et reconnu alors pour une œuvre florentine de la première moitié du XVIᵉ siècle, sans que jusqu'à ce jour aucun document écrit ou gravé nous ait dévoilé le nom de son auteur, qui est très-près de Michelange.

XVIᵉ SIÈCLE.

34 ter. BACCIO BANDINELLI.

Profil regardant à droite, costume imité de celui d'un personnage romain. — Bas-relief de marbre : hauteur, 0,600 ; largeur, 0,350.

BENVENUTO CELLINI, *orfévre et sculpteur, né à Florence l'an 1500, mort en la même ville l'an 1571.*

Cet homme extraordinaire a écrit sa vie et des traités sur les arts (1) : c'est de lui-même que nous savons les noms des orfévres qui furent ses premiers maîtres, et le détail minutieux des ouvrages qu'il a exécutés pour les papes et les ducs de Florence. En 1537, il fit un premier voyage à Paris, qui fut sans résultat ; mais, en 1540, il y revint, à la sollicitation du roi François Iᵉʳ, qui l'installa dans le château du petit Nesle et lui donna des lettres de naturalisation. C'est pour la France et afin de satisfaire le goût qu'avait le roi pour les grands travaux, que Benvenuto Cellini, qui n'avait fait encore que des ouvrages d'orfévrerie, appliqua ses talents à la sculpture en bronze ; il y était parfaitement préparé par l'étude enthousiaste qu'il avait faite du style de Michelange et la connaissance des monuments de l'antiquité que, tout jeune, il avait puisée dans les dessins de Philippe Lippi, avant qu'il les eût vus à Rome. Le seul de ses grands ouvrages qui nous ait été conservé est de nature à inspirer de vifs regrets de la perte de tous

(1) *Vita di* B. CELLINI, scritta da lui medesimo.

les autres; je veux parler de la Nymphe de Fontainebleau, faite pour orner la porte du palais, car B. Cellini nous apprend que telle en fut la destination; au livre II, chap. 8 de sa vie, il en décrit les modèles faits en 1543, et au chap. 10 il en parle de nouveau, et en fixe l'exécution et l'achèvement à l'année 1544. Je ne transcrirai ici que la description qu'il nous en a laissée en son traité de la sculpture : « Dans ce traité, je m'occuperai d'abord de
« l'art de jeter les statues en bronze. Pour initier à la pratique que j'ai
« acquise par mes travaux, je dirai que j'eus occasion de faire, à Paris,
« pour le roi François Ier, quelques ouvrages en bronze, dont les uns
« furent menés à fin et les autres laissés inachevés par suite de divers
« empêchements: entre autres choses, je terminai une figure de bronze,
« grande de sept brasses, renfermée dans un hémicycle également en
« bronze. Cette statue représentait la Nymphe de Fontainebleau, ravissante
« villa appartenant au roi. — Son bras gauche reposait sur des vases d'où
« s'échappaient des sources, pour rappeler les eaux qui arrosent cette con-
« trée; son bras droit entourait une tête de cerf en ronde bosse, par allusion
« à la race de ces animaux qui peuplent ce pays. Cette composition était
« ornée, d'un côté, de chiens braques et de lévriers et, de l'autre côté, de
« chevreuils et de sangliers. Au-dessus de l'hémicycle, j'avais encore placé
« deux petits anges tenant chacun une torche, et différents ornements que
« je m'abstiens de décrire afin d'être bref. » Peu après l'achèvement du bas-relief, Cellini quittait la France ; le roi François Ier mourait en 1547, et il est probable que la Nymphe ne fut point placée au-dessus de la porte du palais de Fontainebleau, car nous la retrouvons à l'entrée du château d'Anet (1), mêlée aux élégantes décorations de la résidence de la duchesse de Valentinois, y occupant la même place en 1780 (2), et subissant, à la fin du siècle, les chances de destruction qui menacèrent tous les monuments des arts. En 1806, lorsque la salle des Cariatides, au palais du Louvre, fut restaurée par MM. Percier et Fontaine, et que la tribune de Jean Goujon, restée jusqu'alors inachevée, fut couronnée d'une balustrade, les architectes imaginèrent de former un ensemble décoratif, en y ajoutant une porte composée avec les bas-reliefs en bronze d'André Riccio, et en plaçant, au fond de la partie supérieure de la tribune, la Nymphe de Cellini. En 1849, le désir d'exposer ce précieux bas-relief d'une façon qui lui fût plus favorable, détermina l'enlèvement de l'œuvre originale qui fut remplacée par un surmoulage et prit rang dans la petite salle du musée des sculptures modernes, là même où l'on a vu pendant quelque temps les esclaves de Michelange, jusqu'au jour où elle fut transportée en la place qu'elle occupe aujourd'hui.

Benvenuto Cellini.

35. La Nymphe de Fontainebleau.

Nue, la chevelure ornée d'une couronne de fruits, couchée sur les eaux, elle enlace du bras droit l'encolure d'un cerf dont la tête, surmontée d'un bois superbe

---

(1) Ducerceau, *Les plus excellents bastiments de France*, 1607.
(2) Palais, châteaux et maisons royales dessinés d'après nature en 1780 et gravés par J. Rigaud.

et se présentant de face, occupe le milieu du bas-relief; elle appuie la gauche sur l'urne d'où s'échappe une source abondante, et l'on remarque à côté une urne plus petite livrant passage à un moindre courant. Des biches et des sangliers sont groupés d'un côté, et des chiens de races variées sont réunis de l'autre. — Bas-relief de bronze, de forme cintrée : longueur, 4,090; hauteur, 2,050.

PONZIO, Ponce, *né en Toscane, a vécu et travaillé en France sous les règnes de François Ier, Henri II, François II et Charles IX.*

Le nom même de cet artiste a donné lieu à plus d'une incertitude. Vasari le mentionne en ces termes dans la *Vie du Primatice* : « Nel medesimo « luogo ha lavorato ancora molte figure di stucco, purtonde, un scultore « similmente de' nostri paesi, chiamato Ponzio, che si è portato benissi- « mo. » « En ce même lieu (Meudon) a fait aussi beaucoup de figures « de stuc, en ronde bosse, un sculpteur également de nos pays, nommé « Ponzio, qui y a très-bien réussi. » Ce que Félibien n'a que légèrement changé en l'un de ses entretiens sur la peinture, où il dit : « Ce fut le Pri- « matice qui fit les premiers ouvrages de stuc de Fontainebleau et y em- « ploya Damiano del Barbieri et un sculpteur florentin nommé Ponce. » Sauval, en son *Histoire de Paris*, si précieuse par les renseignements qu'elle renferme sur les sculptures du XVIe siècle, qu'il appelait le bon siècle (1), ainsi que nous faisons, indique en plus d'un lieu (2) les œuvres de cet artiste, qu'il ne nomme jamais autrement que maître Ponce. Germain Brice (3) l'appelle Paul Ponce, et depuis lors c'est ainsi que le plus souvent on l'a désigné jusqu'à notre siècle, où l'on a ajouté le nom de Trébatti. Il restait à déterminer s'il était le même que Ponce Jacquio. M. Emeric David, qui a publié un excellent travail sur Ponce (4), a fort habilement détruit l'opinion erronée qui, jusqu'à lui, quoique Félibien ait été très-près de la vérité (5), avait attribué à cet artiste une large participation au tombeau de Louis XII, bien reconnu aujourd'hui comme étant l'œuvre de Jean Juste (6), et ayant été exécuté sous les dates de 1517 et 1518. Or quelle

---

(1) Sauval, *Histoire de Paris*, t. Ier, p. 448.

(2) Sauval, t. Ier, pp. 131, 359, 460, 464, 469, 578, 582; t. II, pp. 35, 59, 60, 188, 213, 343 ; t. III, pp. 9, 12, 16, 19.

(3) Germain Brice, *Description de la ville de Paris*, t. II, p. 291.

(4) Emeric David, *Biographie universelle*, au mot Trébatti. Réimprimé dans la *Vie des artistes anciens et modernes*, p. 168. Voir aussi du même, *Tableau historique de la sculpture française*, p. 155.

(5) Dom Michel Félibien, *Histoire de l'abbaye royale de Saint-Denis*, p. 563.

(6) *Archives curieuses de l'histoire de France*, extrait des comptes de François Ier, 22 novembre 1531.

que soit l'année, rapprochée de 1530, qui ait été celle où Ponce vint travailler en France, le premier monument que nos historiens indiquent comme son ouvrage est le tombeau d'Albert Pie de Carpi, érigé en 1535, et la dernière mention de son nom dans les comptes des bâtiments royaux est sous l'année 1571. C'est donc une carrière d'environ quarante ans consacrée à la France, et il n'est plus besoin d'imaginer deux hommes, l'un qui eût été maître Ponce, et l'autre Ponce Jacquio, pour sortir de l'embarras où jetait ce dernier nom que l'on avait trouvé dans les mémoires de la chambre des comptes (1). Il y a tout lieu de croire que Ponzio Jacquio était le véritable nom de l'artiste italien dont parle Vasari, le même que les comptes des bâtiments (2), pour les sculptures de Saint-Denis, de 1559 à 1571, appellent toujours Ponce Jacquio, et Sauval maître Ponce, car les ouvrages qu'il cite de ce sculpteur sont le plus souvent compris entre ces deux dates. Le tombeau d'André Blondel de Roquencourt, mort en 1558 (3), est le monument le plus authentique de Ponce, et à ce titre celui qu'il est préférable de comparer à deux statues de bronze du tombeau de Henri II, que les comptes des sépultures de Saint-Denis (4) assignent à Ponce Jacquio. Ces deux figures, représentant l'une la Prudence, et l'autre la Tempérance (les attributs ont été brisés, mais ils sont connus par les gravures) (5), sont placées à l'un et l'autre angle de l'arrière du tombeau ; elles sont fort belles et inspirées par des réminiscences de l'art antique qui les distinguent de celles qu'a faites Pilon ; or, ces deux statues et la figure d'André Blondel de Roquencourt sont assurément les œuvres d'un même sculpteur, et il ne paraît pas douteux que maître Ponce et Ponce Jacquio ne soient les désignations d'un même homme. Sauval ne décrit pas les tombeaux de Saint-Denis, mais il nous apprend que maître Ponce a travaillé pour le sépulcre des Valois (6). D'autre part, des documents récemment publiés (7) fournissent les preuves des travaux de Ponce Jacquio au tombeau de François Ier, de 1559 à 1563, et au tombeau de Henri II, de 1564 à 1571.

Ponce.

36. ALBERT PIE DE SAVOIE, *prince de Carpi, mort vers* 1535.

La figure, revêtue d'une armure, est à demi couchée sur un coussin richement orné, et la tête est appuyée sur le bras droit qui presse du coude un oreiller. La main gauche est ramenée en avant sur un livre ouvert, dans

---

(1) A. LENOIR, *Musée des monuments français*, t. III, p. 89, en note.

(2) Comte DE LABORDE, *la Renaissance des arts*, comptes des bâtiments, t. Ier, pp. 479, 500, 506, 517.

(3) SAUVAL, t. Ier, pp. 582, 469, 378.

(4) Comte DE LABORDE, *la Renaissance des arts*.

(5) MAROT, *Tombeau du roy Henri second et de la reine Catherine de Médicis, sa femme, à Saint-Denys*.

(6) SAUVAL, t. III, p. 16.

(7) Comte DE LABORDE, *la Renaissance des arts*, comptes des sépulures de Saint-Denis, t. Ier, pp. 479 et suivantes.

lequel le personnage semble lire. Un bout de manteau recouvre la jambe gauche, et deux livres fermés sont posés près des pieds. — Ronde bosse, bronze : longueur, 1,700 ; hauteur, 0,520.

Corrozet (1) nous apprend que cette sépulture était de son temps en la nef de l'église des Cordeliers, du côté de septentrion, et l'inscription qu'il nous a conservée contient deux dates intéressantes : « Albert Pie de Savoie, vixit annos LV. Hæredes mœstissimi posuerunt anno M. D. XXXV. » C'est donc un monument de 1535 qui, du temps de Sauval, était attribué à Ponce, car cet écrivain n'affirme pas. Après avoir écrit : « Cette figure est fort estimée en toutes ses parties.... Elle est de bon goût et faite dans le bon siècle ; » ailleurs il dit : « Je ne puis oublier le tombeau du prince de Carpi, qu'on tient de maître Ponce, ni encore la croix de Gastines, qui est du même. » Toutefois, la tradition a prévalu, et il semble que c'est avec raison.

Musée des monuments français, n° 97, pl. 99.

Musée d'Angoulême, au Louvre, n° 56.

Ponce.

37. CHARLES DE MAGNY, *capitaine des gardes de la porte du roi Henri II, mort vers* 1556.

Sa sœur lui fit ériger ce monument en 1556, dans l'église des Célestins. Il est représenté assis et dormant, vêtu d'une armure très-ornée de rinceaux, la tête appuyée sur la main gauche et tenant de la droite un fer de hallebarde ; un écu, sur lequel est figuré un aigle à deux têtes, est sculpté vers le haut du siége. — Statue de pierre : hauteur, 1,450.

Corrozet nous a conservé l'épitaphe contenant la date du monument (2) ; Sauval en parle avec éloge, sans l'attribuer à Ponce. C'est Brice qui nomme ce sculpteur, et après lui tous ceux qui l'ont copié.

Musée des monuments français, n° 100, pl. 105.

Musée d'Angoulême, au Louvre, n° 3.

(1) CORROZET, *Antiquités de Paris*, p. 85.
(2) CORROZET, *Antiquités de Paris*, p. 359.

Ponce.

38. ANDRÉ BLONDEL DE ROCQUENCOURT, *contrôleur général des finances du royaume sous Henri II, mort en* 1558.

Il est représenté couché et endormi, la tête reposant sur un coussin qui figure une étoffe damassée. Le bras gauche est relevé vers le visage; le droit est étendu, et la main presse des pavots, symboles du sommeil. Une partie du corps est cachée par une draperie; le torse, les bras et la jambe gauche sont entièrement découverts. Près des pieds sont groupés un casque, une épée et un écu armorié. — Bas-relief de bronze: longueur, 1,730; largeur, 0,600.

Ce monument est assurément le plus incontestable que nous ayons conservé de Ponce. Voici en quels termes en parle Sauval : « Il (André Blondel) fut porté dans l'église des Filles-Pénitentes (1), et sa veuve ensuite honora sa sépulture d'un petit mausolée de bronze, enrichi de sa figure en bas-relief, que fit maître Ponce, l'un des plus renommés sculpteurs de son temps. Or, comme depuis ces religieuses vinrent à être transférées à la rue Saint-Denys (2), elles emportèrent avec elles ses cendres et sa tombe, qu'elles mirent dans leur nef; et parce que cette tombe embarrassait et occupait trop de place, depuis elles l'ont dressée contre la muraille, à côté de leur portail. Quoique là elle ne fasse pas ce bel effet qu'elle faisait quand elle était couchée, on ne laisse pas de remarquer toujours qu'elle est d'une grande manière et bien entendue » (3).

Musée des monuments français, n° 101, pl. 103.
Musée d'Angoulême, au Louvre, n° 57.

Attribué à Ponce.

39. OLIVIER LEFEBVRE, *seigneur d'Ormesson.*

La tête nue, il est vêtu d'un pourpoint. — Buste de bronze: hauteur, 0,590.

Il provient de l'église des Bons-Hommes de Passy.
Musée des monuments français, n° 155.

---

(1) Elles logeaient alors près Saint-Eustache, à l'hôtel d'Orléans, qui fut plus tard l'hôtel de Soissons.
(2) En 1580, les religieux du monastère de Saint-Magloire leur abandonnèrent leur couvent.
(3) SAUVAL, t. Ier, pp. 582, 469, 578; t. II, pp. 188, 213.

Daniele RICCIARELLI(1) *ou* **RICIARELLI**, *dit* Daniele da Volterra, *peintre et sculpteur, né à Volterra (dans la Toscane) en* 1509, *mort le* 4 *avril* 1566.

40. La mise au tombeau.

Le corps du Christ est déposé dans le sépulcre par Nicodème et Joseph d'Arimathie; Marie-Madeleine soulève un de ses bras; la Vierge, défaillante, est secourue par saint Jean et soutenue par une des Marie. Deux hommes groupés du côté gauche et un jeune soldat debout vers la droite, complètent la composition. — Bas-relief de pierre de liais : hauteur, 0,980; longueur, 1,310.

<small>Ce bas-relief, qui a fait partie du Musée des monuments français (2), est attribué, par M. A. Lenoir, qui n'en indique pas la provenance, à Daniele Ricciarelli.</small>

ÉCOLE MILANAISE, XVIᵉ SIÈCLE.

40 bis. Le Jugement de Salomon.

Le jeune roi a parlé; un soldat est prêt à séparer le jeune enfant; la mère s'écrie : « Seigneur, donnez-lui, je vous supplie, l'enfant vivant, et ne le tuez pas. » L'autre femme dit froidement : « Qu'il ne soit ni à moi, ni à vous, mais qu'on le divise. » Deux inscriptions, tracées dans des cadres, se lisent sur le fond que décorent des pilastres : « QUIS DICET REG (EM) NON SAPIEN (TER) IVDICASSE. »
[Qui dira que le roi n'a pas jugé sagement.]
CONTEMP (TU) ET AMORE IVDIC (ARE) EST VERITAS.
[Juger par l'indifférence et la tendresse est vérité.] — Bas-relief de marbre : hauteur, 0,660; largeur, 0,580.

<small>(1) Frédéric Villot, *Notice des tableaux exposés dans les galeries du Musée impérial du Louvre*, écoles d'Italie et d'Espagne.
(2) A. Lenoir, *Musée des monuments français*, t. IV, p. 155, pl. 156.</small>

ÉCOLE FLORENTINE, XVIᵉ SIÈCLE.

40 ter. UN TRITON.

Nu, debout, les pieds posés sur une coquille, il porte dans la main droite le trident de Neptune et presse un dauphin sous le bras gauche. — Bas-relief de marbre : hauteur, 0,620 ; largeur, 0,310.

<small>Acquis en 1869 de mademoiselle Félicie de Fauveau.</small>

PIETRO PAOLO **OLIVIERI**, *sculpteur et architecte, né l'an 1551, mort à Rome le 6 juillet 1599.*

<small>Le peintre Baglione (1), qui a écrit une notice sur cet artiste, indique les principaux ouvrages qu'il a faits pour les églises de Rome. Il rend hommage à son caractère et à son talent et dit qu'il fut toujours très-cher au pape Clément VIII, qui lui confia d'importants travaux.</small>

41. L'AMITIÉ.

Sous les traits d'une jeune fille qui est nue, debout, et qui porte la main droite vers son cœur, où est indiquée une blessure ouverte ; la main gauche est appuyée sur un tronc d'arbre. — Statue de marbre : hauteur, 1,930.

<small>Cette statue, qui a été longtemps dans le palais du Luxembourg, puis dans le jardin, et dont on ignorait la provenance (2), est assurément la même que Richardson, dans son voyage en Italie, décrit pour l'avoir vue dans la villa Mattei. « L'Amitié, sous la figure d'une belle femme
« nue et qui tient sa main sur sa poitrine, qui est ouverte par une es-
« pèce d'incision, qui exprime la sincérité. C'est une statue moderne,
« plus grande que le naturel, faite par Pierre-Paul Olivieri, et dont Virgi-
« nius Ursinus fit présent à Cyriaque, ainsi que le prouve l'inscription
« suivante :

« *Virginius Ursinus Cyriaco Mathæio amicitiæ monumentum.*
« *Statuere illustrius me ipsâ amicitiâ non potuit.* M.D.C.V. (1605) »</small>

<small>(1) GIO. BAGLIONE ROMANO, *le Vite dei pittori, scultori,* etc.
(2) A. DE MONTAIGLON, voir l'*Athenæum français* du 11 décembre 1852, p. 388.</small>

Restauration florentine d'une statue antique très-fragmentée.

XVIᵉ SIÈCLE.

41 bis. Jeune homme.

Nu, debout, appuyant la main droite sur le tronc d'un arbre. — Statue de marbre : hauteur, 1,850.

<small>L'artiste qui a créé une statue en se servant de quelques fragments, a si complétement modifié le type consacré qu'il a fait une œuvre plus moderne qu'antique, plus florentine que grecque. Nous l'avons rapprochée des sculptures italiennes, comme enseignement.</small>

XVIᵉ SIÈCLE.

42. Vénus et l'Amour.

Vénus est représentée nue, debout, vue de dos, soulevant une draperie dont les bords retombent sur un jeune amour porté sur les eaux par un dauphin. — Bas-relief de marbre : largeur, 0,320 ; hauteur, 0,500.

XVIᵉ SIÈCLE.

42 bis. Vénus.

Nue, couchée, endormie, imitée de la Vénus du Titien. Elle repose sur un lit dont les matelas et le linge sont indiqués, et est à demi soulevée par deux carreaux. —Statuette d'albâtre : hauteur, 0,230 ; longueur, 0,340.

<small>Léguée par M. Forget.</small>

XVIᵉ SIÈCLE.

43. La Descente de croix.

Trois hommes entourent et soutiennent le corps du Christ qu'ils viennent de détacher ; un quatrième est vu de dos montant les degrés d'une échelle. Au pied de la croix et dans l'éloignement, sont groupées cinq femmes animées par la douleur. Les deux larrons attachés à des arbres, et morts, occupent l'un et l'autre côté ; au dessus d'eux l'on voit, sur le fond du ciel, les représentations du soleil et de la lune, figurés par des disques rayonnants qui encadrent le buste d'un jeune homme et celui d'une femme, tous deux se couvrant de la main les yeux. Au premier plan, la Vierge est représentée étendue et se cachant le visage; saint Jean et les saintes femmes sont à ses côtés; deux petits génies sur le devant. — Bas-relief de bronze : hauteur, 0,700; largeur, 0,500.

44. UN NÈGRE.

Il est debout, étendant les bras. Toutes les parties qui figurent le nu sont de marbre noir; la tunique, d'albâtre oriental, est ornée vers le bord d'une incrustation de marbres, rouge, vert et jaune antique. — Statue : hauteur, 1,770.

<small>Un inventaire des tableaux et des autres curiosités qui se trouvaient au Louvre en 1603, indique « une statue d'un More vestu d'une chemise de « jaspe ou de marbre marqueté; mais la teste, les jambes, les pieds et les « bras sont de marbre noir. Derrière lui, un carquois avec des flèches. » (1)</small>

45. DIANE.

Elle est debout, dans l'action de tirer une flèche. La tunique, d'albâtre, est un fragment antique; la tête, les bras et les jambes, de bronze, sont de travail moderne; un croissant, placé sur le front, est doré. — Statue : hauteur, 1,460.

45 bis. JEUNE ESCLAVE.

Le vêtement est d'albâtre oriental, la ceinture est de rouge antique. La tête, les bras et les jambes, sont de bronze. — Statue : hauteur, 1,450.

45 ter. JEUNE ESCLAVE.

Le vêtement est d'albâtre oriental; la draperie, posée sur la poitrine, et la ceinture sont de rouge antique. La tête, les bras et les jambes, sont de bronze. Statue : hauteur, 1,480.

<small>(1) Ph. DE CHENNEVIÈRES, *Archives de l'art français*, 4e année, 1re livraison, p. 51.</small>

SCULPTEURS ALLEMANDS.

XVIᵉ SIÈCLE.

Albert Durer (d'après).

46. L'ENFANCE DU CHRIST.

La Vierge Marie est représentée assise et filant, ayant près d'elle Anne, sa mère, et à ses pieds le petit berceau qui renferme l'Enfant-Jésus que des anges adorent. Non loin, saint Joseph taille une pièce de bois, et, sur le devant, des petits génies ailés ramassent les copeaux ou les portent dans un panier. Dans les nuages, Dieu le Père est figuré coiffé d'une tiare et portant le globe du monde, et, au-dessous de lui, est le Saint-Esprit, sous la forme d'une colombe. Le fond de la scène est la représentation de la cour d'une maison des champs. — Bas-relief de chaux carbonatée : hauteur, 0,430 ; largeur, 0,320.

<small>Le sculpteur a emprunté tous les détails de sa composition à la gravure très-connue d'Albert Durer, de la suite de l'histoire de la Vierge. Ce gentil bas-relief a fait partie du Musée des monuments français, nº 558 (1).</small>

ÉMERIC SCHILLINCK.

Fragments en marbre noir, ornés d'incrustations d'albâtre, sculptés en bas-relief pour le monument funéraire du chantre de Lantsteyn, 1561. (Compris sous les nᵒˢ 47 à 51.)

47. LE DÉPART DE LA VIERGE et LA VISITATION sont figurés sur deux plaques d'albâtre, qui sont in-

---

<small>(1) A. LENOIR, *Musée des monuments français*, t. III, p. 43, pl. 95.</small>

crustées dans une plaque de marbre et superposées. Leurs encadrements, entièrement semblables, sont symétriquement surmontés de frontons, et des ornements très-fins sont disposés sur les côtés et sur la base.—Du fragment de marbre : hauteur, 1,000 ; largeur, 0,390.

Émeric Schillinck.

48. LA CIRCONCISION et LA PRÉSENTATION AU TEMPLE sont représentées sur les deux plaques d'albâtre décorant un fragment qui ne diffère en rien du précédent pour la disposition, les ornements et les dimensions.

Émeric Schillinck.

49. L'ÉVANGÉLISTE SAINT LUC.

Deux petits bas-reliefs d'albâtre sont incrustés sur les côtés : l'un représente la Foi et l'autre l'Espérance. — Du fragment de marbre noir : hauteur, 0,340 ; largeur, 0,190.

Émeric Schillinck.

50. L'ÉVANGÉLISTE SAINT MATTHIEU.

Sur les deux albâtres sont figurées la Charité, la Justice. — Du fragment de marbre noir : hauteur, 0,340 ; largeur, 0,190.

Émeric Schillinck.

51. L'ÉVANGÉLISTE SAINT MARC, L'ÉVANGÉLISTE SAINT JEAN, sont représentés assis, le premier lisant, le second écrivant, dans des cadres qui occupent l'une et l'autre extrémité d'une longue tablette sur laquelle

est gravée l'inscription qui nous a appris le nom et l'état de l'homme pour qui fut fait le monument, celui du sculpteur et la date :

HOC OPERA EMMERICI SCHILLINCK MONVMENTA SACELLO
QVÆ LEGIS ARTIFICI SVNT FABRICATA MANV :
INCLYTVS A LANTSTEYN TVVS O GERMANIA ALVMNVS
HAC PIVS INSIGNI CANTOR IN ÆDE SENEX
MALVIT HÆC VIVO SIBI MARMORA PONERE VIVVS
AMBIGVAM HÆREDIS QVAM SVBIISSE FIDEM. 1561.

C'est Schillinck qui a exécuté d'une main habile le monument que tu vois en cette chapelle. Le célèbre de Lantsteyn, ton élève, ô Germanie ! chantre pieux en cette superbe église, arrivé à la fin de sa carrière, a mieux aimé t'élever ces marbres de son vivant, que de s'en fier à la fidélité douteuse d'un héritier. 1561.

Bas-relief de marbre noir : hauteur, 0,330 ; longueur, 1,105. Les deux petits bas-reliefs d'albâtre qui sont incrustés sur les côtés représentent, sous la figure de deux femmes debout, la Force et la Foi.

XVIe SIÈCLE.

52. Triomphe de l'empereur Maximilien.

Couronné, revêtu d'une armure que recouvre en partie le manteau impérial, portant de la main droite une épée et de la gauche un sceptre, il est assis sur un char triomphal dont le dossier, ramené en avant, forme au-dessus de sa tête une sorte de dais. Quatre chevaux attelés au char sont montés par des hommes richement habillés qui agitent leurs fouets. Cette composition est entourée par des frises et deux pilastres qui l'encadrent : le motif de la frise supérieure est une ligne d'aigles éployés, qui sont les armes de l'Empire ; on retrouve, au centre de la frise inférieure, le même aigle chargé en cœur d'un écu aux armes de la maison de l'empereur, environné du collier de l'ordre de la Toison-d'Or, et pour supports deux griffons. Au-dessous règne une inscription de neuf lignes, gravée en relief dans la masse du bois ; elle comprend la liste très-étendue des titres de l'empereur : *Imperator Cæsar divus Maximilianus pius felix augustus Christi amicus supremus princeps Germaniæ Hungariæ Dalmatiæ Croaciæ Bosnæque Rex Angliæ Portugalliæ Bohemiæ heres atque Archidux Austriæ Dux Burgundiæ Lotharingiæ Brabantiæ Stiriæ Carinthiæ Carniolæ Lymburgiæ Lucemburgiæ et Gheldriæ Comes princeps mhabspg.* **et** *Tirolis Lantgravius Alsatiæ princeps Sueviæ Palatinus Hannoniæ princeps et comes Burgundiæ Flandriæ Goritiæ Arthesis Holandiæ et comes Seelandiæ Phirretis Mkyburg Namurei et Zutphaniæ Marchio super Anasum Burgoniæ et sacri Romani Imperii dominus Phrisiæ Marchiæ Salvonicæ Mechlim et Portusnaoms et Salmarum, etc. princeps potentissimus inclytus victor ac triumphator.* — Bas-relief de bois : longueur, 0,460 ; hauteur, 0,470.

Il est placé dans le Musée de la Renaissance, au premier étage du Louvre, salle dite de Sauvageot.

XVIe SIÈCLE.

53. Louis V, *dit le Pacifique* (1), *comte palatin, duc des Deux-Bavières, né en* 1478, *mort en* 1544.

Au bas du portrait se trouve cette inscription gravée en relief :

DEI.GRATIA.LVDOVICVS.COMES.PALA :
TINVS.RHENI.VTR.BAVARIÆ.DVX.

Ecole de Nuremberg. — Bas-relief de chaux carbonatée lithoïde. — Buste : hauteur, 0,220 ; largeur, 0,180.

Il provient de la collection de M. Debruge-Duménil, n° 105 du catalogue.

(1) Jules LABARTE, *Description des objets d'art qui composent la collection Debruge-Duménil*, p. 445.

54. Homme en prière.

Il est agenouillé, les mains jointes, vu de profil, regardant à droite; il porte un costume allemand de la fin du XVIe siècle et a la tête découverte. — Bas-relief de chaux carbonatée lithoïde : largeur, 0,200 ; hauteur, 0,280.

55. Femme en prière.

Elle est agenouillée, les mains jointes, vue de profil, regardant à gauche; elle porte un costume allemand de la fin du XVIe siècle, et son bonnet, qui encapuchonne la tête, est accompagné d'un touret de nez qui cache le bas du visage. — Bas-relief de chaux carbonatée lithoïde : largeur, 0,200 ; hauteur, 0,280.

Ces deux personnages sont représentés dans la pose traditionnelle des donateurs et ont dû faire partie d'un monument pieux dont ils auront été détachés. — Acquisition de l'année 1850.

56. Armoiries de Wolff Scaüffletzer et de Barbara Mertz.

Un cartouche formé d'enroulements encadre les deux écussons, qui sont séparés par un vase d'où s'échappent des fleurs. Des inscriptions en langue allemande occupent la partie inférieure ; leur traduction est : *Wolff Scaüffletzer, bourgeois et conseiller à Ratisbonne, et Barbara Scaüffletzer, née Mertz, son épouse*. Sur le haut de la plaque est la date 1601, et vers les angles inférieurs sont les initiales A et P. — Plaque de pierre calcaire : longueur, 0,240 ; hauteur, 0,215. Les dessins sont épargnés en relief et le fond est creusé au moyen de l'eau-forte, par un procédé analogue à celui qu'employa plus tard l'inventeur de la lithographie.

JEAN DE BOLOGNE
ET SON ÉCOLE.

XVIe SIÈCLE ET COMMENCEMENT DU XVIIe.

JEAN DE BOLOGNE, *né à Douai en* 1529 (1), *mort à Florence en* 1608.

Il eut pour premier maître un Flamand nommé Jacques Beuch, et reçut les conseils de Michel-Ange, pendant un séjour de deux ans qu'il fit à Rome. Sa vie presque entière s'est passée à Florence, et les ouvrages en grand nombre qu'il a faits pour cette ville sont justement célèbres. Chef d'école, il eut pour principaux élèves Pierre Franqueville, Pierre Tacca, Adrien le Flamand, qui est Adrien de Vries, né à La Haye, qui faisait en 1593, à Prague, et pour l'empereur Rodolphe II, le groupe en bronze de Mercure et Psyché, que nous possédons. Jean de Bologne était fort âgé lorsqu'en 1604 il commença, pour la France, le cheval de bronze qui devait porter la statue de notre roi Henri IV. Ce fut son dernier travail, que la mort ne lui laissa pas le temps d'achever, et que Pierre Tacca fut chargé de finir. La statue équestre de Henri IV, terminée en 1611, embarquée à Livourne en 1612, échoua sur les côtes de Sardaigne et n'arriva à Paris qu'en 1614 ; elle fut placée sur le Pont-Neuf, en présence de Pierre Franqueville, premier sculpteur de leurs majestés, et de François Bordoni, leur sculpteur ordinaire. Franqueville imagina, pour la décoration du piédestal, les quatre figures d'esclaves, en bronze, qui n'étaient pas achevées lorsqu'il mourut, et qui l'ont été, en 1618, par Bordoni, son élève et son gendre. Le décret de l'Assemblée nationale du 14 août 1792 a été fatal pour l'œuvre de Jean de Bologne : l'extrémité d'une des jambes du cheval, et un bras, une main, une botte, débris de la statue du roi, ont seuls échappé à la fonte. Les quatre esclaves du piédestal, de l'invention de Franqueville, ont été conservés.

PIERRE TACCA, *né à Carrare en* 15.., *mort en* 1640.

Lorsque Jean de Bologne eut cessé de vivre, Tacca lui succéda dans la charge de sculpteur du grand-duc. Il eut alors mission de terminer le cheval de bronze pour la France, que son maître n'avait pu finir, et le fit embarquer à Livourne en 1612. Baldinucci nous a conservé le texte de la lettre que Marie de Médicis lui adressa à ce sujet, le 10 octobre 1614. Elle était ainsi conçue : « En réponse à votre lettre que m'a remise

---

(1) Baldinucci dit qu'il naquit en 1524. J'ai préféré l'opinion de Mariette. (Voir l'*Abecedario*).

« de votre part Antonio Guidi, ingénieur de mon cousin le grand-duc
« de Toscane, je vous fais savoir le contentement que le roi, mon seigneur
« et fils, ainsi que moi, avons eu de la belle statue de bronze que vous nous
« avez envoiée, digne, en vérité, de celui qu'elle représente. Le seigneur
« Guidi m'a aussi remis le buste de bronze que vous m'avez fait tenir ; il
« vous en dira ma satisfaction et la somme d'argent que j'ai ordonnée pour
« vous à cet effet, en signe de mon entier agrément, et je prie Dieu qu'il
« vous conserve (1). »

FRAGMENTS DE LA STATUE ÉQUESTRE DE HENRI IV (2).
— BRONZE.

57. LA MAIN GAUCHE à demi fermée pour retenir les rênes, dont il ne reste qu'un arrachement.—Longueur, 0,300.

58. LE BRAS DROIT, à partir du coude. Il est revêtu d'un brassard orné d'arabesques ; la main presse un bâton de commandement, l'index et le doigt du milieu manquent. — Longueur, 0,730.

59. LA JAMBE GAUCHE, ou plutôt une botte, avec l'indication d'un éperon retenu par une courroie. Un fragment de frange du tapis de la selle y est adhérent. — Longueur, 0,980.

Jean de Bologne.

60. LA JAMBE DE DEVANT, hors montoir, du cheval, à partir du dessus du genou.—Longueur, 1,000.

Jean de Bologne (d'après).

60 bis. MERCURE, MESSAGER DES DIEUX.

Fonte contemporaine de la statue originale qui est conservée à Florence. — Statue de bronze : hauteur, 1,700.

Elle a été retirée en 1872 du jardin de Compiègne, et est indiquée sur l'inventaire de 1816 comme y étant placée.

(1) BALDINUCCI, *Vie de Pierre Tacca*.
(2) Voir le procès-verbal tel qu'il a été trouvé sous un des pieds du cheval de l'ancienne statue de Henri IV. *Appendice aux mémoires historiques relatifs à la fonte et à l'élévation de la statue équestre de Henri IV*, par M. Ch.-J. LAFOLIE, à Paris, 1819.

Jean de Bologne (d'après).

61. Réduction des deux figures principales du groupe de l'enlèvement d'une Sabine. Le vieillard renversé qui existe dans l'œuvre originale manque à cette reproduction. — Bronze : hauteur, 0,450.

Antoine Susini, élève de Jean de Bologne, né en 15.., mort en 1624, eut un talent particulier pour réduire et jeter en bronze les figures antiques et les œuvres les plus connues de son maître. François Susini, son neveu et son élève, hérita de son adresse et a reproduit en bronze presque toutes les compositions de Jean de Bologne. Il a réduit aussi beaucoup de figures antiques.

Pierre FRANQUEVILLE, *né à Cambray en 1548, mort vers 1618.*

Il fit, à l'âge de seize ans, quelques études à Paris, où devait se terminer sa carrière, et travailla plus longtemps à Inspruck, sous un sculpteur en bois. Jeune encore, il voulut voir Rome, et revenant par Florence en 1574, il devint l'élève de Jean de Bologne, dont il fut souvent le collaborateur. Il a laissé de nombreux ouvrages à Florence, à Gênes et à Pise. Vers 1601 il entra au service du roi de France Henri IV, et en 1614, lorsque la statue équestre de ce prince, envoyée de Florence par Tacca, fut placée sur le Pont-Neuf, Franqueville imagina et commença quatre figures d'esclaves pour le piédestal.

62. Orphée.

Il est représenté nu, debout, jouant du violon ; à ses pieds est Cerbère. Sur un ceinturon qui flotte autour des reins on lit : OPVS PETRI FRANCAVILLÆ BELGICI CAMERACENSIS FLORENTINI ACADEMICI PISANI Q CIVIS. A.D.M. MDXCVIII (1598). — Statue de marbre : hauteur, 2,500.

Baldinucci, dans la *Vie de Pierre Franqueville,* raconte qu'il y avait à Florence un sculpteur nommé Romolo Ferruzzi, qui était fort habile à faire en pierre toutes sortes d'animaux, que Jérôme de Gondi, noble florentin qui habitait la France, lui en avait fait demande d'une certaine quantité pour envoyer à Paris, afin d'en orner son jardin, et qu'ayant entendu parler de la grande renommée de Franqueville, il voulut qu'il lui fît en marbre une statue haute de six brasses, représentant Orphée, pour placer dans le même jardin, au-dessus d'une fontaine et au milieu des animaux sculptés par Ferruzzi ; il ajoute que Franqueville l'exécuta tel qu'il l'avait souhaité, et que le roi Henri IV étant venu voir le jardin dont on parlait beaucoup à Paris, demanda à Jérôme de Gondi de faire tout ce qui dépen-

drait de lui pour engager Pierre de Franqueville à son service, ce qui
fit promptement, avec le consentement du grand-duc, vers l'année 1601 (¹

Pierre Franqueville.

63. David vainqueur de Goliath.

Il est nu, debout, couronné de lauriers ; on voit à se
pieds la tête de Goliath, et le jeune vainqueur sembl
se reposer en s'appuyant sur l'épée du géant. La mai
droite tient une pierre, la gauche supporte une fronde e
la dépouille d'un lion. Le bâton de berger est posé contre le bras droit. On lit sur une courroie qui rattach
une écharpe flottante : OPUS PETRI. A. FRANCAVILLA
— Statue de marbre : hauteur, 1,790.

Pierre Franqueville.

64 à 67. Quatre figures d'esclaves, *qui entou-raient le piédestal de la statue de Henri IV, sur le Pont-Neuf.*

Ils sont assis, les mains liées derrière le dos, nus,
avec quelques draperies, et ont à leurs pieds des armures. L'un, représenté dans la force de l'âge, a le pied
droit posé sur un casque et le gauche sur un fragment
de canon qui porte l'inscription qui suit : A PETRO FRAN-
CAVILLA CAMARCENSI INVENTVM ET INCEPTVM. FRANC.
AVTEM BORDONI FLORENT. EIUS GENER PERFECIT LV-
TETIÆ. AN. DNI. MDCXVIII (1618). Un autre, jeune, est
posé la jambe droite étendue, la gauche relevée et le pied
appuyé sur une armure autour de laquelle on lit : A
PETRO FRANCAVILLA CAMARCENSI INVENTVM ET IN-
CEPTVM. FRANC. AVTEM BORDONI FLORENT. EIVS GENER
PERFECIT LVTETIÆ. AN. DNI. MDCXVIII. Le troisième,
de race africaine, a le pied gauche posé sur une cara-
pace de tortue formant bouclier, dont les bords portent
l'inscription : A PETRO FRANCAVILLA CAMARCENSI
INVENTVM ET INCEPTVM. FRANC^s. AVTEM BORDONI
FLORENT^s. EIVS GENER PERFECIT LVTETIÆ. AN. DNI.

(1) BALDINUCCI, *Vita di Pietro Francavilla.*

MDCXVIII. Le quatrième, d'âge avancé, a la jambe gauche étendue, la droite repliée et le pied appuyé sur le haut d'une cuirasse dont le ceinturon porte la même inscription : A PETRO FRANCAVILLA CAMARCENSI INVENTVM ET INCEPTVM. FRANC. AVTEM BORDONI FLORENT. EIVS GENER PERFECIT LVTETIÆ. AN. DNI. MDCXVIII. — Statues de bronze : hauteur, 1,550.

Pierre Franqueville (attribué à).

68. Jean de Bologne.

Le front est très-dégarni de cheveux; la barbe, longue, retombe sur la poitrine. — Buste : hauteur, 0,700. La tête est de bronze, le corps d'albâtre, le piédouche de marbre porte le nom gravé en creux : J. DE BOVLONGNE (sic).

Musée des monuments français, n° 563.

Adrien de Vries (1). *Il naquit à la Haye, étudia en Italie, et fut élève de Jean de Bologne.*

En 1590 il mit son talent au service de l'empereur Rodolphe II et vécut à Prague. Il travailla la pierre, le bronze, et a laissé des modèles en cire de ses ouvrages. Il a fait pour Augsbourg deux fontaines dans la Grande-Rue, qui sont fort ornées, et l'une d'elles est surmontée d'un Mercure inspiré par la statue célèbre de Jean de Bologne. Les œuvres d'Adrien de Vries ont été gravées par Muller, qui était son parent.

69. Mercure et Psyché.

Le Dieu est représenté volant, portant dans ses bras la jeune fille, entièrement nue, qui tient en sa main droite un petit vase. — Groupe de bronze : hauteur, 2,150.

Jean Muller a gravé ce groupe sous trois aspects, et tracé sur les bases l'inscription qui suit : IVSSV RHVDOLPHI II CÆSARIS AVGVSTI ADRIANVS DE VRIES HAGIENSIS FACIEBAT PRAGÆ OPVS ALTITVDINIS PEDVM OCTO EX ÆRE. 1593. *In gratiam D. Adriani de Vries cognati sui clarissimi sculpebat Johannes Mullerus, Harman Muller exçud.* Mariette a connu ces gravures et n'a point partagé longtemps l'erreur de ses contemporains, qui ont attribué à Jean de Bologne l'œuvre d'un de ses élèves. La provenance

---

(1) A. DE MONTAIGLON. Voir l'*Athenœum français* de décembre 1852, p. 388.

de ce groupe élégant est indiquée par Piganiol (1) : « La reine Christine en
« fit présent à M. Servien, et M. de Sablé, son fils, en vendant Meudon à
« M. de Louvois, s'accommoda de ce groupe avec M. Colbert, qui le fit
« transporter à Sceaux, où il était quand M. de Seignelay, toujours magni-
« fique et toujours attentif à ce qui pouvait plaire au grand roi qu'il avait
« l'honneur de servir, pria S. M. de vouloir bien l'accepter. » Placé dans le
jardin haut ou Belvédère de Marly, il fut transporté au Musée de Paris en
l'an II, en sortit en l'an X, pour être porté à Saint-Cloud, et y est rentré
en 1850.

SCULPTEURS FRANÇAIS

DEPUIS LE XIIIe SIÈCLE JUSQU'A NOS JOURS.

XIIIe SIÈCLE.

70. CHILDEBERT, *roi de France, mort en* 558.

Posé debout, adossé à une colonnette. La main droite porte un sceptre dont le fleuron manque; la gauche retient le cordon qui attache le manteau; un bandeau de pierreries, orné de feuilles de trèfle, surmonte la tête; la chevelure est longue, la barbe et les moustaches sont ondulées. La robe est attachée par une ceinture ornée de pierreries, dont un des bouts retombe en avant; cette robe est de couleur rouge, et une imitation d'hermine est peinte à l'intérieur du manteau, dont l'extérieur est bleu. — Statue de pierre : hauteur, 1,800.

Cette statue provient de l'abbaye de Saint-Germain-des-Prés. Dom Jacques Bouillart, qui décrit, en l'histoire de l'abbaye, l. III, p. 123, le réfectoire construit par Pierre de Montereau, au temps de l'abbé Simon, élu en 1235, dit : « L'on a placé à la porte du réfectoire une statue de
« pierre qui représente Childebert, laquelle a été faite apparemment sur
« le modèle d'une autre plus ancienne. Elle est haute de cinq pieds et
« demi. Childebert a une couronne ornée de trèfles et un sceptre en la
« main dont l'extrémité d'en haut est cassée. Il a une robe qui descend
« jusqu'à la cheville du pied; sa ceinture, large de six lignes, est ornée,
« d'espace en espace, de petites roses façon d'orfèvrerie; son manteau,
« qui ne le couvre que par derrière, est attaché au devant par un cordon
« qu'il tient de la main gauche; ses souliers, pointus par le bout, sont échan-
« crés en ovale par le dessus, depuis la moitié du pied jusqu'à la ligature. »
Musée des monuments français, n° 30, pl. 33.

(1) *Description des châteaux et parcs de Versailles et Marly*, IVe édit., 1717, t. II, p. 261.

ÉCOLE DE LIMOGES (1), XIIIᵉ SIÈCLE.

70 bis. BLANCHE DE CHAMPAGNE, *femme de Jean Iᵉʳ, duc de Bretagne, morte en 1283.*

La tête, enveloppée d'un voile qui laisse à découvert le visage, repose sur un coussin quadrillé dont les émaux ont presqu'entièrement disparu. Les yeux ne sont pas fermés, les mains jointes sont relevées ; la robe et le manteau sont plus longs que le corps. Sur une ceinture on lit cette inscription : [f] lere : si : quod : fuerit : miserere : les deux pieds sont posés sur un chien dont le revêtement de cuivre a été enlevé. — Statue tumulaire, bronze et cuivre battu, sur âme de bois : longueur, 2,000.

<small>Elle était originairement placée dans la chapelle de l'abbaye de la Joie, près Hennebont, qui avait été fondée par la duchesse de Bretagne et est aujourd'hui détruite. Acquise en 1873, de M. Alfred Ramé.</small>

XIIIᵉ SIÈCLE.

71. UN ANGE.

Debout, ailé, habillé d'une robe et d'un manteau, tenant en ses mains un sceptre dont l'extrémité a été brisée. — Statue de pierre : hauteur, 1,100.

XIIIᵉ SIÈCLE.

72. UN ANGE.

Debout, ailé, vêtu d'une robe que recouvre un manteau ; il tient des deux mains une couronne. — Statue de pierre : hauteur, 1,050.

XIIIᵉ SIÈCLE.

73. UN ANGE.

Debout, ailé, vêtu d'une robe que recouvre un manteau ; il tient une couronne dont la partie antérieure est

---

(1) Fillon, *Archives de l'art français*, t. II, p. 129.

brisée, ainsi que la main droite. — Statue de pierre : hauteur, 1,050.

XIIIe SIÈCLE.

74. Un Ange.

Debout, ailé, vêtu d'une robe que recouvre un manteau ; il tient une couronne dont la partie antérieure est entièrement détruite, ainsi que la main gauche. — Statue de pierre : hauteur, 1,050.

Quelques restes de peintures indiquent que ces statues (n°s 71 à 74) ont été coloriées ; elles proviennent de l'abbaye de Poissy. Acquisition de l'année 1850.

XIVe SIÈCLE.

75. Saint Denys, saint Rustique et saint Éleuthère.

Tous trois sont représentés après leur martyre, le cou tranché et tenant en mains leurs têtes ; saint Denys est debout entre ses deux compagnons, qui sont, l'un assis et l'autre agenouillé. Une rosace à quatre lobes, inscrite dans un rectangle, encadre et relie les personnages. Quelques traces de couleurs indiquent que la sculpture a été peinte. — Bas-relief de pierre : longueur, 1,050 ; hauteur, 0,900.

Il provient de Saint-Denis.

XIVe SIÈCLE.

76. La Vierge et l'Enfant-Jésus.

La Vierge est posée debout, portant sur le bras gauche son enfant, qu'elle ramène à la hauteur de son visage ; Jésus touche de la main droite la joue de sa mère et met un des doigts de la gauche dans le bec d'un petit oiseau qui est placé sur son genou ; il est habillé d'une robe. La Vierge Marie a sur la tête une couronne posée sur un voile très-court ; sa robe est longue et retenue à la taille par une ceinture fort étroite ; son manteau, ramené sur le devant du corps, cache les bras et forme des plis sur le côté gauche du corps ; des traces presque imperceptibles de couleur rouge et bleue indiquent que la statue a été peinte ; la couronne, un bouquet de fleurs que la Vierge tient en sa main droite, et les galons des vêtements ont été redorés. — Statue de pierre : hauteur, 1,780.

<small>Elle provient de l'église de Maisoncelles, canton de La Ferté-Gaucher, arrondissement de Provins, et n'en est sortie qu'en 1840, lorsque l'église fut supprimée par la réunion de Maisoncelles à la commune de Saint-Martin-du-Boschet.</small>

XIVe SIÈCLE.

77. PIERRE DE FAYET, *chanoine de l'église de Paris, mort en* 1303.

Il est représenté à genoux, les mains jointes, vêtu de la robe de chanoine, la tête découverte ; ses armoiries sont placées au-dessus de lui. Des moulures divisent le bas-relief en deux zones verticales : la figure du chanoine, surmontée de l'écusson, occupe celle de droite, et sur l'autre est l'inscription qui suit, gravée sur treize lignes, en caractères gothiques : MAITRE PIERRE DE FAYET, CHANOINE DE PARIS, A DONNÉ DEUX CENS LIVRES PARISIS POUR AIDER A FAIRE CES HISTOIRES ET POUR LES NOUVELLES VERRIÈRES QUI SONT SUR LE CHŒUR DE CÉANS. » — Bas-relief de pierre : largeur, 0,660 ; hauteur, 1,060.

<small>On lit dans la description de l'église de Paris, 1763 : « Avant la construction du nouveau chœur (par le roi Louis XIV), on voyait autour de l'ancien chœur et en dedans les histoires de l'Évangile et des Actes des Apôtres en statues de pierre isolées avec des inscriptions au bas, et au-dessous l'histoire de la Genèse en bas-relief. A côté était un chanoine à genoux, dont la mort arriva en 1303, aussi ce bas-relief avait cette inscription derrière lui : « Messire Pierre Fayet......... » Mais depuis la construction du nouveau chœur, on a mis sa statue à la porte collatérale, vis-à-vis la porte rouge. »</small>

<small>Musée des monuments français, n° 434.</small>

XVIe SIÈCLE.

78. SAINT JEAN-BAPTISTE ET SAINT JEAN L'ÉVANGÉLISTE.

L'un est agenouillé tenant un agneau ; l'autre est assis et porte une coupe ; il a à son côté son aigle symbolique. Les deux figures, qui se détachent sur un fond de paysage, sont encadrées dans des pilastres. — Bas-relief de pierre, peint et doré : hauteur, 0,700; longueur, 0,940.

XVIe SIÈCLE.

79. LA NATIVIVÉ DE LA VIERGE MARIE.

Anne, couchée, porte son enfant. Une femme est occupée près du lit et prépare un berceau ; un donateur, dont la tête a été brisée, est agenouillé vers la droite. — Bas-relief de pierre, peint et doré : hauteur, 0,700; longueur, 1,000.

XVe SIÈCLE.

80. PIERRE D'EVREUX NAVARRE, *comte de Mortain, fils de Charles-le-Mauvais, roi de Navarre et comte d'Evreux, et de Jeanne de France, mort au commencement du* XVe *siècle.*

Il est représenté couché, la tête reposant sur un coussin, les mains jointes. Les cheveux sont courts et coupés en rond; les jambes comme les bras sont revêtus d'une armure que recouvre une cotte blasonnée de ses armes qui sont de France à la cotice componée, pour Évreux, et une chaîne rangée selon toutes les partitions et en double orle, qui est Navarre. Les pieds reposent sur deux lions. — Statue de marbre : longueur, 1,900.

Musée des monuments français, n° 79.
Musée historique de Versailles, n° 130 (1).

XVe SIÈCLE.

81. CATHERINE D'ALENÇON, *femme de Pierre d'Evreux Navarre, morte en la seconde moitié du* XVe *siècle.*

Elle est représentée couchée, la tête reposant sur un coussin ; une bande plissée entoure le visage, le menton

(1) *Livret de* 1839.

est caché par un linge, et une coiffe large enveloppe toute la tête; la robe est longue, la ceinture et la chaîne sont ornées de pierreries; les pieds sont appuyés sur un chien. — Statue de marbre : longueur, 1,800.

Cette statue, de même que celle qui précède, provient d'un tombeau de l'église des Chartreux, de Paris. On lit dans les antiquités de J. Du Breul (1), l. II, p. 473 : « Le second sépulcre est au côté méridional du grand autel
« élevé d'environ trois pieds de terre, construit de marbre noir, avec une
« arcade pratiquée dans le mur de l'église. Au-dessus duquel tombeau sont
« les deux effigies d'albâtre, en bosse, de Pierre de Navarre, comte de Mor-
« taigne, et de Catherine d'Alençon, sa femme, fille de Pierre, comte
« d'Alençon, et de Marguerite, vicomtesse de Beaumont, avec plusieurs
« autres petites images à l'entour dudit tombeau, et tout le dedans de l'ar-
« cade orné de riches peintures et d'un grand tableau représentant notre
« Seigneur descendu de la croix, aux deux côtés duquel sont encore repré-
« sentées les images desdits prince et princesse, à genoux, avec les ar-
« moiries de Navarre. »

Musée des monuments français, n° 79.

Musée historique de Versailles, n° 132.

XVe SIÈCLE.

82. ANNE DE BOURGOGNE, *fille de Jean-sans-Peur, femme de Jean de Lancastre, duc de Bedford, morte en* 1432.

Elle est couchée, la tête reposant sur un coussin, les deux mains jointes et ramenées sur la poitrine. La coiffure est un bonnet dont le tour forme une couronne de pierreries; les cheveux sont réunis de chaque côté du visage en une masse contenue dans un réseau de perles; la robe est longue, la ceinture et une longue chaîne sont composées de pierreries; les pieds sont appuyés sur deux petits chiens dont l'un porte un os à sa gueule. — Statue de marbre : longueur, 1,630.

Cette statue provient du couvent des pères Célestins de Paris. On lit dans l'histoire du monastère, par le père Louis Beurrier, p. 370 : « Son corps re-
« pose proche la chapelle d'Orléans, où elle est représentée en marbre noir
« (c'est-à-dire sur un tombeau en marbre noir), avec cette épitaphe : Cy
« gist noble dame, madame Anne de Bourgogne, espouse de très-noble
« prince monseigneur Jean, duc de Bethfort, et régent de France, et fille de

---

(1) DE GUILHERMY, *Annales archéologiques*, année 1853, p. 127.

« très-noble prince monseigneur Jean, duc de Bourgogne, laquelle tres-
« passa à Paris le 14 de novembre l'an de grâce 1432. »

Musée des monuments français, n° 83.
Musée historique de Versailles, n° 158 (1).

XVᵉ SIÈCLE.

83. Un Moine.

Debout, le visage presque entièrement caché par un capuchon ; figure très-semblable à quelques-unes de celles qui entourent les tombeaux des ducs de Bourgogne, mais la proportion est moindre et la matière est différente. — Statuette de marbre : hauteur, 0,410. La petite niche sculptée à jour qui contient la figure est de marbre et dorée par places.

Michel COLOMBE, *sculpteur que se disputent la Bretagne et la Touraine* (2).

L'année précise de sa naissance et celle de sa mort sont restées inconnues; nous pouvons approximativement fixer l'une à 1430, l'autre à 1512, sachant par une lettre de Jean Lemaire, solliciteur des édifices de Madame Marguerite d'Autriche, qu'en 1511 Colombe était âgé d'environ quatre-vingts ans (3), et ayant lieu de croire par une autre que l'année suivante il avait cessé de vivre. Les notions sur ses travaux sont plus incertaines : le plus authentique et le plus célèbre est le tombeau de François II, duc de Bretagne, érigé en 1506, à Nantes, dans l'église des Carmes, dispersé à la fin du dernier siècle et rétabli au commencement du nôtre dans la cathédrale. En 1500, Michel Colombe travaillait à Tours (4), et c'est dans cette ville qu'en 1508, le cardinal Georges d'Amboise lui fit porter une table de marbre, pour y faire tailler et graver un saint Georges destiné à l'autel de sa chapelle, au château de Gaillon.

84. Saint Georges combattant un dragon.

Le patron des hommes de guerre est représenté à cheval, armé de toutes pièces et perçant de sa lance le

(1) *Livret de* 1839.
(2) Lambron de Lignim, *Recherches historiques.*
(3) Le Glay, *Analectes historiques*, Lille, 1838. — Le Glay, *Bulletin archéologique*, t. II, p. 479. — Baron de Guilhermy, *Annales archéologiques*, t. II, p. 93. — Eméric David, *Histoire de la sculpture.*
(4) Lambron de Lignim, *Recherches historiques.*

cou du monstre qui, dressé dans l'attitude de la défense, repousse et mord l'arme dont il est traversé. Dans le fond, la fille du roi de Lydie est à genoux et en prières. — Bas-relief de marbre : longueur, 1,850 ; hauteur, 1,240.

On lit dans les comptes et dépenses du château de Gaillon, publiés par M. Deville, 1851 : « A Michault Coulombe, sur le marché à lui fait pour « la façon de faire le Saint-George, tailler et graver sur led. marbre, par « certification de Patris Binet, du 25º jour de février 1508, pour ce, « cy 300 livres. »
M. Alex. Lenoir avait réuni ce bas-relief au monument funéraire de Philippe de Comines, et en faisait honneur à Paul Ponce (1), erreur qui est restée attachée au bas-relief lorqu'il est passé des Petits-Augustins au Louvre, où l'on l'a vu longtemps ajusté dans la décoration d'une cheminée du Musée d'Angoulême (2). La publication des comptes de Gaillon a fait justice de cette fausse attribution.

XVIᵉ SIÈCLE.

85. PHILIPPE DE COMINES, *né en 1445, mort en 1509. Il fut un des conseillers du roi Louis XI, et suivit Charles VIII en Italie. Ses mémoires ont illustré son nom.*

Il est agenouillé, les mains jointes, la tête nue, vêtu d'une cotte blasonnée aux armes de sa famille. — Statue à mi-corps (posée sur une sorte de prie-Dieu figurant la partie antérieure d'un lion), de pierre et colorée ; le visage et les mains sont en tons de chair, la chevelure est noire, la robe est rouge : hauteur, 1,120.

XVIᵉ SIÈCLE.

86. HÉLÈNE DE CHAMBES-MONTSOREAU, *femme de Philippe de Comines.*

Elle est agenouillée, les mains jointes, la tête couverte d'une coiffe, vêtue d'une robe dont les manches sont garnies de fourrures ; à son cou pend une petite chaîne soutenant une croix, et l'on remarque trois bagues aux

(1) *Musée impérial des monuments français*, 1810, nº 93, pl. 83; *Descript.*, p. 219.
(2) *Description du Musée de la sculpture moderne*, 1824, nº 72, p. 53.

doigts de la main droite. Le prie-Dieu qui la supporte a été surmoulé sur celui qui accompagne la statue de son mari. — Statue à mi-corps, de pierre et colorée; le visage et les mains sont en tons de chair, la coiffe est noire, la robe a été dans l'origine dorée : hauteur, 1,000.

Les deux statues (nos 85 et 86) ont pour base commune une sorte de sarcophage en pierre, que décorent des armoiries et la devise : QUI NON LABORAT NON MANDUCET. Le monument (1) avait été érigé pour la sépulture de Philippe de Comines et de sa femme, dans l'église des Augustins, en une chapelle que cet homme éminent avait fait construire (2). Il a fait partie du Musée des monuments français (3). Après un assez long séjour dans les magasins de l'Ecole des Beaux-Arts, il a pris rang à Versailles, dans les salles de sculptures historiques, et n'a été transféré au Louvre qu'en 1850.

XVIe SIÈCLE.

87. LOUIS DE PONCHER, *conseiller et receveur trésorier du roi François Ier, mort en 1521.*

Il est représenté mort et étendu, la tête posée sur un coussin, les mains jointes, les pieds appuyés sur un lion. Il est revêtu d'une armure, ayant au côté l'épée dans le fourreau. La cotte est blasonnée aux armes des Poncher, qui sont d'argent, à la fasce de gueules, chargée d'une tête de Maure, de sable, tortillée d'argent; ladite fasce accompagnée de trois coquilles de sable, deux en chef et une en pointe. Les mêmes sont répétées sur l'écusson que porte entre ses pattes le lion, qui est de restauration moderne. — Statue d'albâtre : longueur, 1,970.

XVIe SIÈCLE.

88. ROBERTE LEGENDRE, *femme de Louis de Poncher, morte en 1520.*

Elle est représentée morte et couchée, la tête posée sur un coussin, les deux mains jointes et appuyées sur

---

(1) Voir la planche dans l'ouvrage de Millin, *Antiquités nationales.*
(2) G. CORROZET, *Antiquités de Paris,* p. 89.
(3) A. LENOIR, n° 93, pl. 83.

la poitrine, les pieds reposant sur une levrette. La tête est couverte d'une coiffe et le corps est vêtu d'une robe à longues manches, un chapelet est attaché à la ceinture. L'écusson aux armes des Poncher est appendu au cou de la levrette, qui le tient relevé entre ses deux pattes. — Statue d'albâtre : longueur, 1,910.

Ces deux statues (n°s 87 et 88) recouvraient les tombeaux des personnages qu'ils représentent, dans une chapelle du chœur de Saint-Germain-l'Auxerrois, bâtie de 1504 à 1505 (1), aux dépens de Louis de Poncher, secrétaire du roi et général des finances. Elles ont fait partie du Musée des monuments français, ont pris rang pendant quelques années dans les galeries historiques de Versailles et n'en ont été retirées, en faveur du Musée du Louvre, qu'en raison de leur mérite.

Musée des monuments français, n° 96.
Musée historique de Versailles, n°s 201 et 202.

XVIe SIÈCLE.

88 bis. SOUBASSEMENT DE LA SÉPULTURE DE LOUIS DE PONCHER ET DE ROBERTE LEGENDRE.

La petite statue de marbre, placée dans une niche entre deux pilastres délicatement ornés, représente la Religion. On lit sur la tablette dans le panneau, qui est à côté : « NOBILI VIRO LODOVICO DE PONCHIER REGIO CONSILIARIO FRANCIE QUESTORI EQVITI AVRATO ITEM-QVE NOBILI MATRONE ROBERTE LEGENDRE EIVS VXORI AMICI ET CONSANGUINEI MERITO DICARVNT QVOR(VM) ILLE FATO FVNCTVS EST A VITA ANNO MDXXI PRIDIE NONAS OCTOBRIS. HEC VERO ANNO M.D.XX. XVIII CALENDAS MAIAS. — Fragment d'une base, marbre : hauteur, 0,600 ; longueur, 0,860.

XVIe SIÈCLE.

89. JÉSUS TRAHI PAR JUDAS.

Jésus, dont les mains sont liées, est entouré d'une troupe nombreuse d'hommes armés ; l'un d'eux l'entraîne, et Judas, tenant une bourse à la main, est près de son maître qu'il a trahi par un baiser. Vers la droite, saint Paul est prêt à frapper de son glaive un soldat renversé

---

(1) TROCHU, *Annales archéologiques*, t. XII, 1852.

ayant une lanterne à la main. Dans l'éloignement, sont figurées deux scènes qui se rattachent à l'action principale : en l'une, qui occupe l'angle gauche supérieur, Jésus-Christ est représenté priant sur la montagne des Oliviers, un ange lui montre la croix, les trois disciples sont endormis ; en l'autre, qui est à droite, on voit les soldats s'arrêtant près d'une porte et se montrant Jésus. Au-dessous de la scène principale, sont posés, vers les extrémités, deux groupes de personnages agenouillés : à gauche est le donateur accompagné de six fils ; à droite, est sa femme ayant derrière elle six filles. Une inscription en lettres gothiques occupe la partie inférieure du bas-relief ; elle est contenue en un cartouche allongé que tiennent deux anges agenouillés ; on y lit : CI GIST HONNORABLE HOMME JACQUES DE CORN, MARCHAND DRAPIER ET BOURGEOIS DE PARIS, QUI TRESPASSA LE 24ᵉ JOUR D'AOUT 1555, ET HONNORABLE, FEMME JEANNE DANEST FEMME DUDIT DE CORN QUI TRESPASSA LE 2 OCTOBRE 1542. PRIEZ DIEU POUR LES TRESPASSEZ. PATER NOSTER, AVE MARIA. — Bas-relief de marbre : hauteur 0,580 ; longueur, 0,840.

XVIᵉ SIÈCLE.

89 *bis*. STATUE TUMULAIRE D'UN ENFANT MORT AU BERCEAU.

Il est emmaillotté comme étaient dans les anciens temps les enfants nouveau-nés et est représenté dormant, la tête coiffée d'un double bonnet et posée sur un coussin. — Marbre : hauteur, 0,050 ; longueur, 0,580.

Appliquée sur une plinthe de pierre. Donné par M. F. Lajoie, en 1863.

RICHIER (1), *sculpteur lorrain, né à Saint-Mihiel ou à Dagonville, car le lieu de sa naissance ne nous est encore connu que par la tradition.*

Il fut un des meilleurs sculpteurs du XVIᵉ siècle : son œuvre la plus

(1) DAUBAN, *Revue des Sociétés savantes*, 1861.

considérable est le sépulcre de Saint-Mihiel ; la mise au tombeau y est représentée avec beaucoup de sentiment et d'habileté : les figures, au nombre de treize, sont de grandeur naturelle et en pierre de la Meuse. Si le nom de Richier est attaché par la tradition, de la façon la plus authentique, à ce monument qu'il n'a pas signé, par contre, on peut voir, dans la petite église de Hatton-le-Châtel, située entre Saint-Mihiel et Pont-à-Mousson, un calvaire assurément de la même main que le sépulcre (1), de la même pierre, et sur lequel sont gravées la date 1523 et les initiales G.R. Le rapprochement de ces deux monuments et du squelette en marbre que Richier fit pour le tombeau du duc René de Châlons, tué au siége de Saint-Dizier en 1544, actuellement dans l'église de Saint-Etienne à Bar-le-Duc, détermine, entre la date fixe d'un des premiers travaux du sculpteur de Saint-Mihiel, dans une église de campagne (1523), et celle où il exécuta la riche sculpture commandée par une princesse de Lorraine pour la chapelle des anciens souverains du Barrois (vers 1544), l'époque approximative où il dut faire dans sa ville natale le sépulcre qui avait fondé sa réputation et l'a perpétuée jusqu'à nous.

Richier.

90. LE JUGEMENT DE DANIEL.

Le sculpteur a figuré au milieu de la composition le jeune Daniel, assis sur un trône élevé de trois marches, et a disposé deux groupes sur les côtés : Suzanne est en avant de celui de gauche ; elle est retenue par deux soldats, mais l'air de son visage exprime le triomphe de l'innocence, et l'on voit près d'elle sa mère qui, les mains jointes, semble remercier la Providence. Quatre jeunes femmes sont placées en arrière, deux enfants près d'elles, et sept personnages, en costumes civils ou militaires, complètent le groupe. C'est vers celui de droite que Daniel est tourné, et son geste expressif s'adresse à l'un des vieillards qui, confus et interdit, est, au premier rang, gardé par un soldat ; le second vieillard, ayant l'air accablé, vient à la suite, et un soldat le retient par sa ceinture. Dix personnages sont placés en arrière, et le plus remarquable est un fou que l'on voit, au dernier plan, agitant en l'air sa marotte, pour railler les amours caduques. Dans le haut du bas-relief, des nuages sont figurés formant une zone interrompue en son milieu par un grand cartouche qui semble avoir été destiné à contenir une inscription ; sur les côtés, les nuages

(1) Vu en juillet 1855

s'écartent pour laisser voir deux anges : l'un étend au dessus de Suzanne la couronne d'innocence ; et l'autre, qui domine le groupe des vieillards, brandit le glaive de la justice pour rappeler cette parole de Daniel : « Le « messager du Seigneur est prêt, ayant l'épée pour te « scier par le milieu, afin qu'il vous extermine. » La composition est gracieusement complétée par un groupe de deux enfants qui sont en avant du trône de Daniel : tous deux sont nus, l'un est renversé et pleure effrayé par un petit chien qui est sur la première marche du trône ; l'autre est debout et sourit en prenant des deux mains un second chien posé sur l'autre marche. — Bas-relief de pierre de la Meuse : longueur, 0,410 ; hauteur, 0,380.

Il a fait partie du Musée des monuments français (1), n° 122 du Catalogue.

Richier.

91. L'Enfant-Jésus.

Il est nu, couché et tel qu'on peut se le figurer sur la crèche. — Statue de pierre de la Meuse : hauteur, 0,260.

Ce fragment, qui a dû faire partie d'un groupe de la Nativité, a été longtemps encastré dans un mur du château de Ligny ; il a été acquis en 1852.

Richier.

91 bis. Un Ange.

Les bras et les jambes ont été brisés. — Statuette (fragment de) pierre de la Meuse. Les chevelures et les ailes ont été dorées : hauteur, 0,310.

Acquis en 1855.

(1) A Lenoir, *Tableau explicatif*, xxv, p. 238, et *Musée des monuments français*, t. VIII, p. 179.

Richier.

91 ter. Un Ange.

Les bras et les jambes ont été brisés. — Statuette (fragment de) pierre de la Meuse. Les chevelures et les ailes ont été dorées : hauteur, 0,310.

Acquis en 1855.

Jean **GOUJON**, *sculpteur et architecte.*

L'année et le lieu de sa naissance sont inconnus, et la tradition souvent répétée qui a désigné le plus illustre des sculpteurs français comme l'une des victimes de la Saint-Barthélemy est plutôt démentie que confirmée par les preuves qu'en recherche une critique éclairée (1). Le juste orgueil inspiré par le talent élevé et véritablement original d'un artiste que nous pouvons opposer aux sculpteurs modernes de tous les pays, a excité l'esprit de recherche des hommes qui se sont voués à l'étude des documents de notre histoire : nous devons à M. A. Deville (2) la production de comptes qui ne permettent pas de douter que Jean Goujon ait travaillé à Rouen, de son art, dans la cathédrale et l'église de Saint-Maclou, en 1541 et 42. En outre, une découverte récente (3) nous a fait connaître des dates qui suivent celles-là de si près qu'elles paraissent se confondre avec elles et déterminent l'époque ignorée jusqu'alors où Jean Goujon a commencé, par les sculptures du jubé de Saint-Germain-l'Auxerrois, la brillante carrière presque entièrement consacrée à l'embellissement de Paris; s'il a travaillé à Écouen, ainsi que semble le prouver la grande analogie qui existe entre les évangélistes provenant du principal autel de la chapelle de ce château et ceux du jubé de Saint-Germain-l'Auxerrois retrouvés depuis peu d'années (4), et acquis par le Musée en mars 1850, ce dut être de 1544 à 1547, en un temps très-rapproché de celui où il avait sculpté le jubé ; on avait eu lieu de le présumer d'ailleurs, par le titre d'architecte du connétable (5), qui avait, avant 1547, précédé celui d'architecte du roi. En 1550, Jean Goujon passait marché pour les quatre Cariatides de la tribune de la salle des Suisses (6), au Louvre, et, comme dans le cours de la même année (7), il exécutait les sculptures de la fontaine de Saint-Innocent (8),

(1) A. de Longpérier, vie de Jean Goujon, dans le *Plutarque français*, t. III.

(2) A. Deville, *les Tombeaux de la cathédrale de Rouen*, 1833, Rouen.

(3) Documents trouvés sur la reliure d'une ancienne collection du *Journal des Débats*.

(4) Léon de Laborde, *Journal des Débats* du 12 mars 1850.

(5) Voir l'*Architecture ou art de bien bastir*, de Marc Vitruve-Pollion, autheur romain antique, mis de latin en françoys, par Jan Martin, secrétaire de monseigneur le cardinal de Lenoncourt, pour le roi très-chrestien Henri II. M.D.XLVII.

(6) Sauval, t. II, p. 33.

(7) Gilles Corrozet, *Antiquités de Paris*, 1586.

(8) Blaise de Vigenère, *les Statues de Callistrate*, 1637, p. 855.

nous remarquerons que ce moment fut celui de l'entier développement et de la plus grande activité de ses talents. Il a travaillé au château du Louvre en 1555, 56, 57, 58, 59, 60, 61, 62 (1), et reçu pour ses travaux, en divers payements, quatre mille huit cent soixante livres tournois. A partir du 6 septembre 1562, les comptes royaux ne contiennent plus de payements faits à Jean Goujon ; ils mentionnent, depuis le 6 octobre 1562 et sans interruption jusqu'en 1565, les noms de Pierre et François Lheureux, Martin-le-Fort, Pierre Navyn, Estienne Carmoy, et désignent très-exactement les motifs de sculpture exécutés par eux au Louvre (2). Si l'on en conclut que tout ce qui n'est pas leur ouvrage a été l'œuvre de Jean Goujon, nous devrons lui faire honneur de tous les reliefs de la façade du levant reconstruite au XVIe siècle ; c'était l'opinion de Sauval, qui semble toujours fort bien renseigné et très-judicieux. La lecture attentive de cet historien confirme en la pensée que suggère un examen attentif, que Jean Goujon n'a fait d'autres sculptures à l'hôtel Carnavalet (3) que celles qui décoraient la porte. On les y voit encore, Mansart les ayant respectées dans sa restauration (4).

Jean Goujon.

92. LA DÉPOSITION.

Nicodème et Joseph d'Arimathie déposent sur le sol le corps du Christ descendu de la croix ; tous deux sont inclinés, et l'un d'eux, vu de dos, est agenouillé au premier plan. Le fond de la composition est occupé par le groupe de Marie évanouie, et de saint Jean qui la soutient ; vers la droite, sainte Madeleine et les deux Marie sont disposées dans des attitudes qui expriment la douleur, la peine et l'abattement. — Bas-relief de pierre de Trossy : hauteur, 0,790 ; longueur, 1,950.

Musée des monuments français, n° 112.

Jean Goujon.

93. SAINT JEAN.

Il est assis sur des nuages, vu de profil, regardant à droite, tenant une palme à la main ; l'aigle est posé près

---

(1) *Comptes des bâtiments royaux.* — Voir *la Renaissance des arts*, par le comte DE LABORDE, 1850, t. Ier, pp. 438, 450, 463, 471, 483, 488, 497.

(2) Comte DE LABORDE, *Comptes des bâtiments*, t. Ier, pp. 501, 508, 509 ; t. II, pp. 26, 29, 31 ; t. III, p. 16.

(3) SAUVAL, t. III, p. 12.

(4) Voir la face de l'hôtel de Carnavalet, bâti par le sieur Mansart, qui en a conservé l'ancienne porte, gravée par MAROT.

de lui.—Bas-relief de pierre de Trossy : hauteur, 0,790; largeur, 0,560.

Jean Goujon.

94. Saint Matthieu.

Il est assis sur des nuages, lisant en un livre que soutient un ange; la tête, posée de profil, est coiffée d'un bonnet.—Bas-relief de pierre de Trossy : hauteur, 0,790 ; largeur, 0,560.

Jean Goujon.

95. Saint Luc.

Assis comme les précédents ; le corps est vu de face, le visage de profil, regardant à droite ; ses deux mains sont appuyées sur un livre fermé qui est posé sur son genou ; le bœuf est couché vers les pieds. — Bas-relief de pierre de Trossy : hauteur, 0,790; largeur, 0,560.

Jean Goujon.

96. Saint Marc.

Il est assis sur des nuages ; le corps est posé de trois quarts, le visage de profil regardant à gauche ; la barbe est longue, la tête est coiffée d'un voile formant une sorte de turban ; les deux mains soutiennent un livre ouvert qui est appuyé sur la tête du lion couché aux pieds de l'évangéliste. — Bas-relief de pierre de Trossy : hauteur, 0,790 ; largeur, 0,560.

L'encadrement des cinq bas-reliefs (compris sous les n°s 92 à 96) est uniformément composé d'un rang de perles et d'une moulure ornée de feuilles d'eau.

Ils ont été exécutés de 1541 à 1544 (1) pour la décoration du jubé de Saint-Germain-l'Auxerrois. Sauval, qui en a écrit une description très-détaillée (2), parle avec admiration du bas-relief principal et nous apprend

---

(1) Voir page 61, note 4.
(2) Sauval, t. 1er, p. 304.

que les marguilliers l'avaient barbouillé de dorure. C'est en cet état (1) qu'il parvint à M. Lenoir, qui semble avoir ignoré sa provenance, mais ne s'est pas mépris sur son attribution. Il en avait orné un piédestal qui supportait, dans le Musée des monuments français, une colonne funéraire du cardinal de Bourbon (2). Lorsqu'il fut transporté au Louvre, M. Fontaine s'en servit pour la décoration d'une grande cheminée qu'il construisit dans une des salles du musée d'Angoulême (3), en employant des fragments d'arabesques provenant de Gaillon, qui étaient l'encadrement naturel du saint Georges en bas-relief par Michel Colomb, qu'il y avait adapté. Des indications recueillies à propos ont fait retrouver, en 1850, les quatre bas-reliefs représentant les évangélistes, qui étaient encastrés dans le mur de l'escalier d'une maison portant le n° 4, dans la rue Saint-Hyacinthe-Saint-Honoré. L'acquisition qui en fut faite alors a complété, de la façon la plus heureuse, l'ensemble d'un des premiers travaux de Jean Goujon, exécuté dans une église de la ville de Paris.

Jean Goujon.

97. Une Naïade.

Elle est nue, étendue sur une coquille que portent des eaux, vue de dos et de profil, représentée dormant ; vers la droite est un génie ailé qui, assis sur un monstre marin, regarde la nymphe avec une expression de malice. — Bas-relief de pierre de liais : hauteur, 0,730 ; longueur, 1,950.

Jean Goujon.

98. Une Naïade.

Elle est nue, étendue sur une longue coquille, et semble s'éveiller ; elle soutient de l'une et l'autre main un voile que le vent soulève au-dessus de sa tête ; vers la gauche, un génie, coiffé de roseaux et qui tient d'une main deux poissons, est assis et endormi sur un cheval marin qui tourne vers lui la tête et paraît hennir, comme pour le tirer du sommeil. — Bas-relief de pierre de liais : hauteur, 0,733 ; longueur, 1,950.

(1) *Description des monuments français*, n° 112 bis ; voir pp. 232, 234.
(2) A. LENOIR, *Musée des monuments français*, t. III, p. 135, pl. 124.
(3) Comte DE CLARAC, *Description du Musée de la sculpture moderne*, n° 75, p. 54.

Jean Goujon.

99. Une Nymphe, un Triton et deux Génies des eaux.

La naïade, vue de face, agenouillée sur une coquille, appuie la main gauche sur un aviron ; elle est nue et reçoit les caresses d'un triton que l'on voit de dos, sortant des eaux ; un enfant, assis sur un dauphin, écarte le voile de la nymphe, et un autre, animé par un sourire, est suspendu sur les enroulements qui terminent le corps du triton. — Bas-relief de pierre de liais : hauteur, 0,730 ; longueur, 1,950.

Ces trois bas-reliefs (n°s 97 à 99) ont décoré originairement le soubassement des fontaines de Saint-Innocent, au coin de la rue Saint-Denis et de la rue aux Fers, bâties de neuf l'an 1550 (1), avec un corps d'hôtel (2) par-dessus, formé de deux arcades sur l'une des faces, et d'une seule sur l'autre ; ils concouraient à l'ensemble d'une ornementation dont Goujon avait indiqué la pensée par deux mots inscrits sur le monument : *Fontium nymphis*. En 1787, lorsque le gouvernement eut adopté le projet de démolir les charniers des Innocents, la destruction de la fontaine des Nymphes en fut la conséquence (3). Elle resta quelque temps isolée au coin qu'elle occupait. M. Quatremère de Quincy raconte (4) qu'il adressa au corps de ville un mémoire dont l'objet était d'indiquer les moyens de transporter le monument au milieu de la nouvelle place destinée à devenir un marché, et que M. Poyet, alors architecte de la ville, exécuta le plan dont il semble revendiquer l'initiative. Nos trois bas-reliefs furent placés au soubassement de la nouvelle fontaine jusqu'au jour où la trop grande abondance d'eau résultant de l'alimentation du canal de l'Ourcq les menaça d'une destruction imminente, et rendit urgent leur enlèvement et leur transport en lieu sûr. Ils furent placés dans le Musée d'Angoulême, au Louvre (5).

Jean Goujon.

100. Diane.

Elle est représentée nue, étendue sur le sol, tenant un arc de la main gauche, et pressant de la droite le

---

(1) *Les Antiquités de Paris*, par Gilles Corrozet, Parisien, depuis augmentées par N. B., Parisien, 1586.

(2) *Livre de diverses perspectives et paysages*, faits sur le naturel, mis en lumière par Israel, 1651.

(3) *Journal de Paris* du 11 février 1787.

(4) *Encyclopédie méthodique*, architecture, par M. Quatremère de Quincy, t. II, p. 475.

(5) Comte de Clarac, *Description*, n°s 81, 91, 94.

cou d'un cerf sur qui elle s'appuie ; deux chiens, posés de l'un et l'autre côté, complètent le groupe. La coiffure de la déesse, formée de tresses et ornée de bijoux, est une de celles qu'ont adoptées les femmes au XVIe siècle. — Statue de marbre : longueur, 2,500 ; hauteur, 1,550.

Une tradition moderne a prêté à cette figure symbolique une ressemblance avec Diane de Poitiers, duchesse de Valentinois, qui est plus que douteuse. Ce qui est vrai, c'est que ce groupe surmontait originairement une fontaine placée dans une cour latérale du château d'Anet, et les dessins de Ducerceau (1) nous en font connaître et la position et l'arrangement primitifs. Lorsque Rigaud dessina, en 1780, et grava la suite des châteaux de France (2), le groupe de Diane porté par la vasque qui nous est parvenue, conservée en partie, occupait le centre d'un bassin, au fond et sur le point le plus élevé de la terrasse du palais. Le plan du XVIe siècle n'existait plus, la cour avait été transformée en jardins, et un hémicycle reliant deux pavillons formait, en arrière de la fontaine, un motif d'architecture destiné à la mettre en valeur ; c'est ainsi que l'avait vu Dargenville lorsque Anet appartenait à M. le prince de Dombes, et sa description (3) est tout à fait conforme au dessin de Rigaud. « Sur la terrasse de gauche on aperçoit un por-
« tique d'architecture rustique, décrivant une portion circulaire qui ren-
« ferme la fontaine de Diane. Cette déesse est en marbre et couchée sur un
« piédestal fort élevé, au milieu d'un bassin nourri par une gerbe. » Dargenville qui venait d'écrire : « Sur la cheminée on voit une petite figure
« équestre et d'argent de Diane de Poitiers, » ne fait, au sujet de la fontaine, nulle allusion au souvenir de la duchesse de Valentinois. Quoi qu'il en soit, la statue n'avait pas été épargnée par les destructions révolutionnaires : M. Lenoir raconte (4) comment il la trouva brisée, en recueillit les parties éparses, et la plaça dans le Musée confié à ses soins. En 1814, lorsque les monuments rassemblés aux Petits-Augustins furent restitués à leurs ayants droit, le groupe de Diane fut désigné pour être rendu à M. le duc d'Orléans, héritier des biens de la maison de Penthièvre ; mais le roi Louis XVIII le conserva pour le Louvre, en donnant au prince, en échange, une statue de Dupaty, Ajax bravant les Dieux. La Diane fut placée dans le Musée d'Angoulême, au Louvre (5).

(1) Jacques ANDROUET DUCERCEAU, architecte, *Les plus excellents bâtiments de France*, 1607.

(2) *Recueil de cent vingt-une des plus belles vues de palais, châteaux et maisons royales de Paris et de ses environs*, dessinées d'après nature en 1780, et gravées par J. RIGAUD (Chalcographie du Louvre).

(3) *Voyage pittoresque des environs de Paris*, ou description des maisons royales, châteaux et autres lieux de plaisance, situés à quinze lieues aux environs de cette ville, 1755.

(4) A. LENOIR, *Musée des monuments français*, t. IV, description n° 467, pl. 146.

(5) Comte DE CLARAC, *Description des ouvrages de la sculpture française*, 1824, n° 13.

Jean Goujon (attribué à).

101. Henri II, *roi de France.*

Buste de marbre : hauteur, 0,870.

Il a été longtemps connu sous le nom de l'amiral de Coligny.
Musée des monuments français, n° 551 bis.

XVIe SIÈCLE.

102. Loth et ses filles.

Loth est assis, tenant une coupe en la main gauche ; une de ses filles est agenouillée très-près de lui, l'autre est debout, portant une aiguière. On voit, vers le haut, un génie armé de foudres. — Bas-relief d'albâtre, de forme ovale : longueur, 0,250 ; hauteur, 0,200.

Jean **COUSIN**, *sculpteur, peintre et graveur, né à Soucy, près de Sens, vers l'an* 1500, *mort vers* 1589.

La Bibliothèque nationale possède un portrait de Jean Cousin gravé par Edelink.
La détermination des dates approximatives de la naissance et de la mort est le résultat des recherches et de la critique de M. Frédéric Villot (1), qui, dans sa Notice des tableaux de l'école française, a réuni sur Cousin plus de renseignements qu'aucun écrivain n'en avait encore recueilli. Depuis lors les détails biographiques communiqués à M. F. Villot, par M. A. Hesme, ancien notaire à Sens, l'ont été par le même à d'autres écrivains ; d'excellents recueils les ont publiés et d'habiles critiques les ont commentés. Quelque limité que soit le nombre des peintures de Jean Cousin, celui des sculptures lui pouvant être attribuées sans conteste est assurément moindre : son nom n'est inscrit qu'une seule fois dans les comptes des bâtiments de Fontainebleau, sous les dates de 1540 à 1550. M. Béclard, dans la Revue de l'Anjou et du Maine, décembre 1857, avait posé nettement la question : « Jean Cousin a-t-il été sculpteur ? » et sa conclusion était négative. A une opinion aussi absolue je préfère celle de M. Anatole de Montaiglon (2) qui croit devoir tenir compte de la tradition ; il ne nie pas que Jean Cousin ait composé la sépulture de Philippe de Chabot ; il reconnaît le goût du peintre-graveur dans la disposition générale et dans les ornements, son style dans les figures accessoires de petites proportions. La statue couchée de l'Amiral, qui est l'objet important du débat, l'embarrasse et il n'admet pas qu'un sculpteur capable d'une œuvre semblable n'en ait exécuté qu'une. Assurément il le faut regretter, mais Jean Cousin n'a peint non plus, à peu près, qu'un tableau, le Jugement dernier, de l'église des Minimes ; son œuvre est complexe ; elle se compose

(1) Frédéric Villot, *Notice des tableaux de l'école française*, 1855.
(2) Archives de l'art français, 1858, t. V, p. 351.

de presque tout ce que comportent les arts du dessin; les monuments peints ou sculptés n'en sont qu'une des formes successives, et l'homme heureusement doué qui les a pratiqués tour à tour ne s'est renfermé en aucune. Il ne nous appartient pas de détruire l'assertion de Félibien écrivant il y a deux siècles; « ... Comme il travaillait fort bien de sculpture, il (Jean Cousin) fit le tombeau de l'amiral Chabot qui est aux Célestins de Paris, dans la chapelle d'Orléans; ... » nous ne chercherons pas à la limiter. Un témoignage, antérieur d'un siècle à celui de Félibien, émanant d'un compatriote et contemporain de Jean Cousin, de l'avocat Taveau, qui en 1572 aurait écrit une histoire (restée manuscrite) de la ville de Sens, a été produit par M. de la Vernade et inséré dans l'étude sur J. Cousin, publiée en 1872 par M. Ambroise-Firmin Didot. Taveau aurait écrit: « Il était entendu à la sculpture de marbre, comme le témoigne assez le monument de feu admiral Chabot en la chapelle d'Orléans, au monastère des Célestins de Paris, qu'il a faite et dressée, et montre l'ouvrage, l'excellence de l'ouvrier. »

103. Philippe de Chabot, *amiral de France, mort en 1543.*

Il est à demi couché, la tête découverte, revêtu d'une armure et d'une cotte blasonnée de ses armes qui sont, au premier et quatrième d'or à trois chabots de gueules, au deuxième d'argent au lion de gueules couronné, armé et lampassé d'or; au troisième de gueules à une comète d'argent de seize rais. Il a sur la poitrine le collier de Saint-Michel; le bras droit suit la ligne du corps, et le gauche, qui est soulevé, s'appuie sur un casque, la main tenant un sifflet, tel que les hommes de mer en ont pour le commandement. — Statue d'albâtre : longueur, 1,577.

Cette statue provient du monument que Léonor de Chabot avait fait ériger en l'honneur de son père dans la chapelle d'Orléans de l'église des Célestins. Le monument, très-chargé de sculptures, a été gravé dans l'ouvrage de Millin (1). Avant la connaissance de l'histoire manuscrite de la ville de Sens, la tradition qui l'attribue à Jean Cousin n'était pas de date ancienne; Sauval, en parlant du tombeau de Chabot, dit (2) : « Perlan l'attribue à maître Ponce; Sarrasin « n'est pas de cet avis, tous avouent que le goût en est fort et su« perbe »; il ne parle pas de Jean Cousin. Mais l'opinion de Félibien avait prévalu et est devenue traditionnelle. C'est sous le nom de Jean Cousin que la statue de Chabot a été transportée dans le Musée des monuments français (3), puis au Louvre (4).

(1) A.-L. Millin, *Antiquités nationales.*
(2) Sauval, t. I, p. 461.
(3) A. Lenoir, n° 98, *Musée des monuments français*, t. III, p. 53, pl. 100.
(4) Comte de Clarac, n° 9, *Description*, p. 7.

Jean Cousin.

104. LA FORTUNE.

Elle est renversée, regardant le ciel ; à ses pieds est une roue brisée. — Statuette d'albâtre : longueur, 0,850.

<small>Accessoire naturel d'une sépulture, elle occupait au-dessous de la statue de l'amiral de Chabot (1) une position toute particulière et qui semble symbolique. Lorsque les fragments du tombeau furent transférés des Célestins au Musée des monuments français, elle y suivit la statue, et fut placée sur un piédestal (2) faisant partie d'une disposition nouvelle qui leur fut donnée.</small>

Jean Cousin.

105. UN GÉNIE FUNÉRAIRE.

Debout, à demi drapé, tenant une torche renversée. — Statue d'albâtre : hauteur, 1,020.

Jean Cousin.

106. UN GÉNIE FUNÉRAIRE.

Faisant pendant au précédent. — Statue d'albâtre : hauteur, 1,020.

<small>Ces deux figures proviennent du tombeau de Philippe de Chabot ; elles étaient posées sur des trépieds et se reliaient à une sorte de cartouche qui formait un riche encadrement à la statue de l'amiral (3). M. A. Lenoir (4) en avait décoré un petit monument érigé à la mémoire de J. Cousin, dans le Musée des Augustins.</small>

<small>(1) A.-L. MILLIN, *Antiquités nationales*, pl. 42.
(2) A. LENOIR, *Musée des monuments français*, t. III, pl. 100.
(3) Voir la planche gravée dans l'ouvrage de A.-L. MILLIN, les *Antiquités nationales*.
(4) A. LENOIR, t. III, p. 100, n° 253, pl. 117.</small>

Jean Cousin (attribué à).

107. FRANÇOIS, COMTE DE LA ROCHEFOUCAULD, *chambellan du roi François Ier, mort en* 1517, *et* ANNE DE POLIGNAC, *femme de son fils.*

Le comte est représenté mort, étendu, la poitrine nue; Anne de Polignac, que l'on voit près de lui, est renversée et semble accablée de douleur. — Bas-relief de marbre : hauteur, 0,520 ; longueur, 1,360.

<small>Telle est la désignation appliquée à ce monument funéraire par M. A. Lenoir (1), qui l'attribue à Jean Cousin et n'en dit pas la provenance. Lorsqu'il fut transporté au Louvre après 1816, M. le comte de Clarac (2), en réunissant ce bas-relief à la statue de l'amiral de Chabot, assura qu'il représentait un des ancêtres de Philippe de Chabot et sa femme, sans communiquer aucune preuve.</small>

XVIe SIÈCLE.

108. FRANÇOIS Ier, *roi de France, mort en* 1547.

La main droite tient un rouleau et la gauche est appuyée sur le côté ; l'armure est ornée de rinceaux, et le collier de Saint-Michel traverse la poitrine. — Buste à mi-corps assez semblable à une section de statue; bronze : hauteur, 0,640.

<small>Il a fait partie du Musée des monuments français, n° 145, et M. A. Lenoir, qui l'attribuait à Jean Cousin, n'en a pas indiqué la provenance (3).</small>

XVIe SIÈCLE.

109. CHARLES-QUINT, *roi d'Espagne.*

La tête est posée de profil, regardant à droite; elle est couronnée de lauriers; la barbe est entière; la cuirasse, qui est sans ornements, supporte un collier de la

---

<small>(1) A. LENOIR, *Description des monuments français*, n° 558.
(2) Comte DE CLARAC, *Description du Musée de la sculpture moderne*, n° 10.
(3) Voir Philibert DE LORME, l'*Art de bâtir*, description du château de Saint-Maur-lès-Fossés.</small>

Toison-d'Or. Sur l'épaule on lit l'inscription qui suit :
CAROLO.V.MAX.IMP.OPT.PRINCIPI.ANT.PERRENOT GRAN-
VELLANVS COEPS : ATREBATENSIS . EIVS . PRIMVS.CONS :
RERVM.STATVS.ET.SIGILLORVM.CVSTOS.DNO.S.OPTIME.
MERITO.HANC.AD.VIVVM.HVIVS.PRINCIPIS . EFFIGIEM.
DIVTVRNÆ.MEMORIÆ.EX.ÆRE.POSVIT. — Médaillon de bronze, en forme de cartouche qu'encadrent des enlacements auxquels sont mêlés quelques masques : hauteur, 0,680; largeur, 0,580.

Musée des monuments français, n° 146.

FREMYN ROUSSEL.

Fremyn Roussel est un de ces sculpteurs du XVIe siècle, peu connus, dont les ouvrages ont eu le sort, commun à beaucoup d'autres, d'être attribués aux artistes illustres qui dominent et caractérisent cette belle époque. Les comptes des bâtiments royaux contiennent son nom au nombre de ceux des imagers qui ont travaillé à Fontainebleau, de 1540 à 1550 (1). Ils nous apprennent davantage à son sujet en le désignant comme l'auteur du bas-relief de la Charité (2), qui est un de ceux qui décorent le soubassement du tombeau de Henri II, dans l'abbaye de Saint-Denis, car dès lors on a pu étudier le style et le mode d'exécution particuliers à cet artiste, et par analogie lui attribuer le bas-relief, de sujet fort incertain, que M. A. Lenoir (3) a honoré du nom de Jean Goujon, et expliqué comme une allégorie de la mort et de la résurrection.

Fremyn Roussel.

110. LE RÉVEIL.

Une nymphe endormie est la figure principale; un génie tenant une torche renversée est près d'elle. Trois jeunes enfants l'entourent, et l'un d'eux sonne en une corne comme pour l'éveiller; telle est également l'action d'un jeune faune occupant le second plan et celle d'un homme posé debout vers la droite, qui souffle dans une

---

(1) Comte DE LABORDE, la Renaissance des arts, t. 1er.
(2) Le même, Comptes de 1564 à 1566, t. 1er, pp. 506 et 517.
(3) A. LENOIR, Musée des monuments français, t. III, p. 92, pl. 114 bis.

très-longue corne et s'appuie sur une hamadryade. — Bas-relief de marbre : hauteur, 0,430; longueur, 0,440.

Musée des monuments français, n° 456.

Fremyn Roussel.

111. UN GÉNIE DE L'HISTOIRE.

Sous les traits d'un adolescent, ailé, assis et courbé sur une sorte de livre ou de tablette, suivant du regard ce que sa main semble y tracer ; la draperie laisse à découvert les bras et les jambes; la chevelure est longue et toute la personne est de sexe incertain. — Statue de marbre : hauteur, 0,940.

Cette statue, qui provient de l'abbaye de Saint-Denis, où elle existait comme une chose déposée et sans emploi, a été l'objet de beaucoup de suppositions. M. A. Lenoir, et d'autres après lui, ont cru qu'elle avait été exécutée pour le mausolée du connétable de Bourbon. « Les connaisseurs, a-t-il « dit, l'attribuent à Perrin Vinci, neveu et élève du grand Léonard...... On « croit aussi y reconnaître la manière de Nicolo, qui fut appelé en France, en « 1552, par le roi Henri II. » Ce sont là de ces suppositions qu'on ne peut ni accueillir, ni rejeter, jusqu'au jour où un document nouveau produit un nom auquel on n'avait pu songer. Or, on lit dans les comptes royaux : « A Fres- « min Roussel, sculpteur, la somme de 150 livres pour faire tailler bien et « duement une figure d'ange dedans une pierre de marbre qui lui a été, par « ledit Saint-Martin, baillée, à la hauteur de trois pieds ou environ, laquelle « figure tiendra un tableau faisant mention de la figure (?) du feu roy Fran- « çois, dernier décédé. 1564-1565. » Et plus loin : « A Fremyn Roussel, « sculpteur, pour avoir tenu plus haut et de grosseur de demi-pied ou en- « viron, une figure de marbre par lui faite, courbée et tenant un livre, « en forme de table de Moyse, qui doit servir à l'un des angles de la colonne, « et piédestal fait de marbre et pierre mixte, de la sépulture du cœur du « feu roy François...... 1564-1565. » Cette figure d'ange, en marbre, de trois pieds ou environ, courbée et tenant un livre en forme de table de Moïse, ressemble assez à celle que nous avons sous les yeux pour donner fort à penser. L'on sait, en outre, que cette figure, destinée à la sépulture du cœur de François II, n'a point fait partie de ce monument qui nous est connu, et qu'elle a dû rester sans emploi ; la comparaison de la statue incertaine avec le bas-relief de la Charité, qui est très-authentique, devra, plus que tout autre indice, éclairer sur son véritable auteur, que nous croyons être Fremyn Roussel.

GERMAIN PILON ou PILLON, né vers 1535 (1), mort le 3 février 1590 (2).

Voici en quels termes en parle Lacroix du Maine : « G. Pilon, Parisien, « issu du pays du Maine, car son père était né dans la paroisse de Loué,

---

(1) Baron PICHON, notice sur Germain Pilon.
(2) A. JAL, *Dictionnaire critique de biographie et d'histoire*, p. 973.

« à six lieues du Mans, qui était aussi la naissance d'Abel Foulon; Pilon
« est un des plus excellents statuaires de Paris, voire de toute la France,
« comme il se voit par tous ses ouvrages, tant à Paris qu'en divers lieux
« de la France, tant ingénieusement élaborés. Je désirerais qu'il voulût
« mettre en lumière les secrets de sa science pour servir à ceux qui
« font profession de cet art. Il florit à Paris cette année 1584 (1). » Cette
assertion d'un contemporain conserve toute sa valeur, quoiqu'elle ait été
attaquée avec beaucoup de chaleur et à l'aide de quelques textes de dates
plus récentes par M. Renouard (2), dont l'opinion a été depuis généralement adoptée. Il importe assez peu que G. Pilon soit originaire ou
natif de Loué, du jour où l'on a reconnu par un examen attentif qu'il
était impossible de rattacher son nom à aucune des sculptures justement
célèbres de l'abbaye de Solesmes (3), ni même de conjecturer qu'elles lui
aient servi d'enseignement et aient eu sur son style la moindre influence. G. Pilon, aussi bien que notre Jean Goujon, est Parisien par la
pratique de son art à Paris (4) pendant plus de trente années, jusqu'à sa
mort, et aucun de nos sculpteurs français du XVIe siècle n'a subi autant
que lui l'influence du Primatice. Artiste très-fécond, il a travaillé en
marbre, en pierre, en bronze, en bois, en terre cuite, en carton-pâte,
invention moins moderne qu'on ne le pense en général, si l'on en croit
un passage de Sauval (5), qui parle d'un crucifix de carte fait par
Pilon pour les pénitents noirs du collège de Saint-Michel. Ses premiers
travaux pour le tombeau du roi François Ier, dans l'abbaye de Saint-Denis,
remontent à l'année 1558 (6), et ceux beaucoup plus considérables qu'il
a exécutés pour la sépulture du roi Henri II dans la même abbaye, sont
compris sous près de vingt années, de 1564 à 1583 (7). En 1571, il était
sculpteur du roi Charles IX et habitait à l'hôtel de Nesle (8); en 1573,
« Conducteur et contrôleur général en l'art de sculpture, sur le fait
des monnaies du Roi et revers d'icelles. » Il achevait en 1585 (9) la
décoration du cadran du Palais, et l'on connaît une lettre de M. de
Nicolaï au grand prieur de Saint-Denis (10), sous la date d'avril 1586, lui
enjoignant, sur la demande de la reine, de faire délivrer à M. Pilon
du marbre blanc pour faire une image de la vierge Marie. Cette Vierge,
qui a beaucoup souffert, et qui du Musée des monuments français
a été portée dans une chapelle de l'église Saint-Paul, rue Saint-Antoine,
est assurément la même que Sauval décrit et juge sévèrement (11).

(1) LACROIX DU MAINE, *Bibliothèque française*, 1588, p. 122.
(2) A. LENOIR, *Musée des monuments français*, t. III, p. 102.
(3) Vu le 12 septembre 1854.
(4) SAUVAL cite ou décrit un grand nombre de sculptures exécutées par Pilon, qu'il a vues dans les églises, les hôtels et les rues de Paris, t. I, pp. 234, 359, 363, 407, 408, 445, 448; t. II, pp. 217, 241, 388; t. III, pp. 3, 16, 21, 647. Voir aussi DARGENVILLE, *Vie des fameux sculpteurs*, t. II, p. 115.
(5) SAUVAL, t. II, p. 388.
(6) Comte DE LABORDE, *la Renaissance des arts*, pp. 461, 507.
(7) Le même, pp. 511, 514, 517, 535, 536, 537, 538.
(8) Devis et marchés passés par la ville de Paris pour l'entrée solennelle de Charles IX, en 1571, publiés par M. L. DOUET-D'ARCQ dans la *Revue archéologique*, 1849, p. 587.
(9) G. CORROZET, *les Antiquités de Paris*, 1586, p. 120.
(10) Comte DE LABORDE, *la Renaissance des arts*, t. I, p. 537.
(11) SAUVAL, t. I, p. 445; t. III, p. 16. Voir aussi DARGENVILLE, *Voyage pittoresque*, 1752, p. 37.

Le modèle en terre se voyait de son temps barbouillé de peinture sous les orgues de la Sainte-Chapelle; on le peut voir aujourd'hui dans la chapelle de l'école militaire de Saint-Cyr (1) qui l'a recueilli après la dispersion du Musée des monuments français, et apprécier par l'un des derniers ouvrages de la main de Pilon, ce qu'était vers la fin de sa vie l'ingénieux talent qui avait produit dans la maturité de l'âge le groupe très-célèbre que nous allons décrire. Il a été enterré dans la Sainte-Chapelle basse de l'île du Palais.

Germain Pilon.

112. Les Graces.

Elles sont au nombre de trois, sont représentées debout, drapées, adossées l'une à l'autre et réunies par les mains qui se touchent à peine; leurs têtes, gracieusement coiffées, sont posées symétriquement et à distances égales pour supporter une urne qui, originairement, a contenu le cœur du roi Henri II, lorsque ce groupe élégant, ayant une destination funéraire, était au nombre des monuments qu'abritaient les voûtes de la chapelle d'Orléans, l'une des plus riches en sépultures de l'église des Célestins. — Groupe de marbre : hauteur, 1,500.

La reine ayant fait exécuter ce gracieux monument que Pilon tailla dans un seul bloc de marbre, vers l'année 1560 (2), y déposa le cœur de son mari, ainsi que l'indique l'inscription que l'on lit sur l'une des faces du piédestal :

HIC COR DEPOSVIT REGIS CATHARINA MARITI
ID CVPIENS PROPRIO CONDERE POSSE SINV.

Le distique gravé sur la seconde face célèbre sa tendresse conjugale :

COR JVNCTVM AMBORVM LONGVM TESTATVR AMOREM
ANTE HOMINES JVNCTVS SPIRITVS ANTE DEVM.

Et le troisième explique et justifie le sujet du groupe :

COR QVONDAM CHARITVM SEDEM COR SVMMA SECVTVM
TRES CHARITES SVMMO VERTICE JVRE FERVNT.

Ce sont donc bien les grâces, mais les grâces chrétiennes, presque des charités, et telles qu'on les a pu confondre avec les vertus théologales (3).

(1) Vu le 5 septembre 1854.
(2) Comte DE LABORDE, *la Renaissance des arts*, t. 1er, pp. 494, 495, 500.
(3) *Elegiacum carmen de pio regis Henrici hujus nominis secundi corde*, cité par LE LABOUREUR, *les Tombeaux des personnes illustres*, 1642, p. 53.

Le piédestal, taillé sur un plan triangulaire que décrivent trois lignes courbes et très-orné de reliefs dont le motif central est un cartouche entouré de masques et de guirlandes auxquelles se rattachent de jeunes enfants, n'est pas de la main de Pilon; il est l'œuvre de Dominique Florentin (1), qui fit également le modèle du vase et le termina après qu'il eut été fondu en cuivre par Benoist Boucher (2) : je veux parler de l'urne originaire, car le vase que l'on voit aujourd'hui sur la tête des Grâces est en bois doré et moderne. Ce Dominique Florentin est Domenico del Barbiere, cité par Vasari dans la vie de Primatice et le même que Félibien, en l'un de ses entretiens, appelle, par une erreur de copiste, Damiano del Barbiere. Les comptes des bâtiments (3), qui le font connaître comme auteur du piédestal des Grâces, nous ont appris également qu'il a exécuté à Fontainebleau des ouvrages en mosaïque rustique, neuf figures en bois, de déesses, pour la décoration du jardin de la reine, et aussi le modèle en terre d'une statue agenouillée de Henri II, pour servir à la sépulture de ce prince.

Le groupe des Grâces, après la destruction des Célestins, a été l'un des ornements du Musée des monuments français (4), et plus tard du Musée d'Angoulême au Louvre (5).

Germain Pilon.

113. VALENTINE BALBIANE, *femme du chancelier de Birague, née en Piémont l'an 1518, morte à Paris l'an 1572.*

Elle est représentée lisant, étendue sur un coussin; ayant le bras gauche accoudé sur des carreaux et la main droite ramenée en avant pour soutenir le livre; les dessins de sa robe imitent un riche damas, et des passementeries sont indiquées sur le corsage et sur les manches; un très-petit chien, de race épagneule, est posé sur le devant. — Statue de marbre : hauteur, 0,830, longueur, 1,920.

Germain Pilon.

114 et 115. DEUX PETITS GÉNIES FUNÉRAIRES.

Ils ont été réunis à la statue de Valentine Balbiane et sont placés comme ils l'étaient sur son tombeau; tous

---

(1) Comte DE LABORDE, *la Renaissance des arts*, t. 1er, pp. 495, 500.
(2) Le même, t. 1er, p. 495.
(3) Le même, t. 1er, p. 421, 490, 491, 513.
(4) A. LENOIR, *Tableau explicatif*, n° 111. — *Musée des monuments français*, t. III, p. 152, pl. 123.
(5) Comte DE CLARAC, *Musée de la sculpture française*, n° 69, p. 48.

deux sont assis et tiennent des torches renversées. — Statues de marbre : hauteur de l'une, 0,520; de l'autre, 0,510.

Ces trois figures (n°ˢ 113 à 115) proviennent de la sépulture de Mme de Birague, érigée en 1574 dans l'église de Sainte-Catherine-du-Val-des-Ecoliers, et nous sont connues par la planche insérée dans le Corrozet; mais cette gravure, précieuse parce qu'elle est contemporaine du monument, n'indique pas l'effigie de femme morte qui a été placée sur le soubassement, de même qu'elle l'avait été par M. Lenoir (1) lorsqu'il avait rétabli dans le Musée des monuments français les tombeaux du chancelier et de sa femme, en les réunissant. Toutefois, cette planche, qui offre sur d'autres points des inexactitudes et des omissions, laisse voir en la même place une longue tablette dont la forme et l'étendue sont telles qu'il est nécessaire pour la contenir, et l'on ne peut méconnaître que cette effigie d'une morte, qui a tous les caractères d'une œuvre de Germain Pilon, n'ait une très-grande ressemblance avec l'image vivante de Mme de Birague. Corrozet ni Sauval ne nomment le sculpteur, quoique le premier décrive avec détail les deux tombeaux de l'église Sainte-Catherine. Germain Brice (2) le désigne sans hésitation; il dit : « Les curieux y vont voir les ouvrages de Germain « Pilon, qui n'a rien fait de plus beau que ce monument. »

Musée des monuments français, n° 108.

Germain Pilon.

116. Effigie d'une femme morte.

Elle est étendue, nue, les cheveux déliés, les mains croisées, le visage vu de profil; quelques parties du corps sont voilées par le suaire. — Bas-relief de marbre : hauteur, 0,330 ; longueur, 1,620.

Germain Pilon.

117. René, cardinal de Birague, *chancelier de France, né à Milan en 1506, mort à Paris en 1583.*

Il est représenté agenouillé, les mains jointes, vêtu du manteau de cardinal, la tête nue, ayant devant lui un

(1) A. Lenoir, *Musée des monuments français*, t. III, p. 126, pl. 125.
(2) G. Brice, *Description de la ville de Paris*, t. II, p. 200.

prie-Dieu, en marbre blanc, orné de têtes d'anges. — Statue de bronze : hauteur, 1,430.

Elle faisait partie du monument (1) que Françoise de Birague, marquise de Néelle, avait fait ériger à son père, en l'église de Sainte-Catherine-du-Val-des-Écoliers, dont il avait été prieur, lorsqu'il fut entré dans les ordres, après la mort de sa femme, Valentine Balbiane. Corrozet nous apprend que le tombeau du seigneur de Birague fut achevé au mois de juin de l'année 1585.

Musée des monuments français, n° 108.

Germain Pilon.

118 à 121. LES QUATRE VERTUS CARDINALES.

Elles sont posées debout et sont drapées ; les pieds sont nus, les bras manquent. — Statues de bois : hauteur : 1,900.

Ces quatre belles figures ont eu pour destination originaire de supporter la châsse de la sainte patronne de Paris, dans l'abbaye royale de Sainte-Geneviève-du-Mont ; il existe une gravure d'Abraham Bosse qui représente les religieux descendant les reliques de la sainte, et l'on y voit les quatre statues, qui alors étaient dorées, surmontant un ordre isolé d'architecture ionique, posées au droit des colonnes, ayant un bras replié pour soutenir la châsse, et l'autre relevé qui porte une torche enflammée. M. A. Lenoir, qui les avait recueillies dans le Musée des monuments français (2), en avait décoré les angles d'un soubassement qu'il avait imaginé pour un tombeau de Diane de Poitiers ; plus tard, le roi Louis-Philippe les avait retirées des magasins de l'Ecole des beaux-arts pour les placer à Versailles, d'où elles ont été transportées au Louvre, nettoyées de la couleur qui les défigurait et groupées sur un piédestal composé de plâtres surmoulés sur celui des Grâces. Ce ne sont pas les seuls ouvrages en bois que l'on sache avoir été taillés par Germain Pilon : sans parler des sculptures qu'il a faites pour les fêtes publiques et particulièrement pour l'entrée solennelle dans Paris du roi Charles IX et de la reine Elisabeth d'Autriche, en mars 1571 (3), nous savons que Germain Pilon avait fait quatre figures de bois, l'une de Mars, l'autre de Minerve, l'autre de Junon et l'autre de Vénus ; *de l'ordonnance de l'abbé de Saint-Martin, pour la décoration du jardin de la reine à Fontainebleau.* Son talent convenait particulièrement à ce genre de sculpture.

Musée des monuments français, n° 466.

(1) G. CORROZET, *les Antiquités de Paris*, 1586, 1re partie, p. 93 ; 2e partie, p. 103, à laquelle est jointe la planche.
(2) A. LENOIR, *Musée des monuments français*, t. IV, p. 77, pl. 145.
(3) DOUET-D'ARCQ, *Devis et marchés passés par la ville de Paris, pour l'entrée solennelle de Charles IX, en 1571*, publiés dans la *Revue archéologique*, Ve année, 1849.

Germain Pilon.

122. CHEMINÉE *provenant d'un château que Nicolas le Gendre de Neufville, seigneur de Villeroy, avait fait construire au XVIe siècle, près de Mennecy.*

Elle a la forme d'un petit monument terminé par un fronton; le centre est occupé par une niche de forme ovale, destinée à contenir un buste, et où l'on a placé celui du roi Henri II, que l'on attribue à Jean Goujon, et qui a été longtemps désigné comme un portrait de l'amiral de Coligny; l'encadrement de cette niche est une très-élégante couronne de fruits et de fleurs. Deux nymphes sont placées debout, l'une à droite, l'autre à gauche, toutes deux dans la même pose, tenant des fleurs en une main et portant de l'autre une couronne de feuillages qu'elles élèvent au-dessus de leur tête. Deux chimères sont sculptées sur la frise de la cheminée, et les pieds droits sont ornés d'un terme représentant un faune auquel se rattachent des guirlandes et d'élégants feuillages qui ont été dorés en partie. La masse de cette charmante cheminée est taillée dans une belle pierre de liais, et des marbres de couleurs variées y ont été incrustés comme accessoires ou comme fonds. Sur l'une des tablettes on lit la devise: PER ARDUA SVRGO.—Hauteur de l'ensemble, 4,620; largeur de la tablette, 2,540.

Musée des monuments français (1), n° 551 bis.

Musée d'Angoulême, au Louvre, n° 89.

Les cheminées, au XVIe siècle, ont été un motif de décorations charmantes: Sauval cite avec éloges celles de l'hôtel d'O (2), à Paris, qu'on « tenait être de l'ordonnance de Pilon, et aussi les voûtes des rampes « de l'escalier chargées de figures de bas-reliefs, de festons de fleurs et « d'autres enrichissements, car cette maison était la seule, la plus belle « et la plus superbe au XVIe siècle, et chacun alors l'allait voir pour un « sou (3). » Telles durent être les cheminées de l'hôtel de Carnavalet, que

---

(1) A. LENOIR, *Musée des monuments français*, t. IV, p. 192; t. V, p. 9, pl. 174.

(2) SAUVAL, t. III, p. 21.

(3) Idem, t. II, p. 241, p. 200.

la marquise de Sévigné (1) appelle vieille antiquaille et faisait attaquer par un fort honnête homme survenu tout à propos pour les détruire. Il est vrai qu'elle assure qu'il n'était point architecte.

Germain Pilon.

123. La prédication de saint Paul.

L'apôtre est représenté debout et prêchant : la foule des auditeurs occupe le côté droit et des femmes sont groupées au premier plan ; elles sont assises et l'une d'elles retient en ses bras un enfant nu qui est debout. — Bas-relief de pierre de liais : hauteur, 0,750 ; largeur, 0,680.

Musée des monuments français, n° 121.

Germain Pilon.

124 à 127. Quatre figures de Vertus portant les instruments de la Passion.

Elles proviennent, de même que le bas-relief (n° 123), d'une chaire à prêcher de l'église des Grands-Augustins. Elles étaient et sont placées sur les angles, dans la position de cariatides, et étaient accompagnées de deux autres qui nous manquent. — Ronde bosse, pierre de liais : hauteur, 0,840. Elles sont altérées par le temps et par la dorure, dont elles ont conservé quelques traces.

Germain Brice en parle en ces termes : « La chaire du prédicateur est surmontée par une grande couronne royale de menuiserie dorée, autour de laquelle sont quelques bas-reliefs de Germain Pilon, sculpteur très-habile ; on a cru les embellir en les faisant dorer, mais on s'est trompé (2). » Une gravure de l'ouvrage de Millin (3) complète les indications que l'on peut souhaiter.

M. A. Lenoir avait composé, des fragments de la même chaire, un piédestal (4) pour la statue de Franqueville, représentant David vainqueur de Goliath.

---

(1) Lettre à madame de Grignan, 18 octobre 1679.
(2) Germain Brice, *Description de la ville de Paris*, t. IV, p. 92.
(3) Millin, *Antiquités nationales*.
(4) A. Lenoir, *Musée des monuments français*, t. IV, p. 141, pl. 154.

Germain Pilon.

127 *bis*. LA FOI.

Debout, ailée, les jambes et les bras découverts, elle tient, dressée, une croix que les deux mains saisissent. Le visage a été martelé. — Bas-relief de pierre : hauteur, 0,780; largeur, 0,210.

Il provient d'Anet et a été donné au Musée par M. le comte de Caraman, en 1861.

Germain Pilon.

127 *ter*. LA FORCE.

Debout, ailée, elle porte une palme et embrasse une colonne. — Bas-relief de pierre : hauteur, 0,780; largeur, 0,210.

Il provient d'Anet et a été donné au Musée par M. le comte de Caraman, en 1861.

Germain Pilon.

128. LA DÉPOSITION.

Le corps du Christ, étendu sur le sol, est soulevé par l'apôtre saint Jean, et la Madeleine, agenouillée vers les pieds, touche de la droite l'extrémité du suaire. La mère de Dieu, dans l'attitude de la douleur, est secourue par l'une des saintes femmes, et l'on voit les deux autres qui sont en prière près de la Madeleine; vers la gauche sont placés debout Nicodème et Joseph d'Arimathie, portant l'un les clous et l'autre la couronne d'épines. — Bas-relief de bronze : hauteur, 0,480; longueur, 0,815.

Musée des monuments français, n° 454, pl. 117.

Germain Pilon.

129. Henri II, *roi de France.*

Il est couronné de lauriers, revêtu d'une cuirasse que recouvrent quelques plis d'un manteau fleurdelisé, et porte sur la poitrine le collier de Saint-Michel. — Buste d'albâtre : hauteur, 0,770. On lit sur le piédouche : HENRY.II.

Germain Pilon.

130. Charles IX, *roi de France.*

Il est représenté à l'âge de dix-huit ans, les cheveux courts, sans barbe. Sa cuirasse est très-richement ornée de rinceaux, et traversée par le collier de Saint-Michel ; le manteau est fleurdelisé. — Buste d'albâtre, la tête de marbre : hauteur, 0,770. On lit sur le piédouche : CAROLVS IX. 1568.

Germain Pilon.

131. Henri III, *roi de France.*

La tête est nue, la moustache est fine, la cuirasse est ornée, le manteau fleurdelisé ; le collier de Saint-Michel traverse la poitrine. — Buste d'albâtre : hauteur, 0,770. On lit sur le piédouche : HENRY III.

M. A. Lenoir assure que ces trois bustes (n°s 129 à 131), fort curieux comme portraits, décoraient le château du Raincy ; l'état de destruction des têtes de Henri II et Henri III indique un long séjour en plein air.

Musée des monuments français, n°s 547, 548, 549.

Musée d'Angoulême, au Louvre, n°s 14, 25, 26.

Germain Pilon.

131 *bis.* JEUNE FILLE.

Tête de marbre : hauteur, 0,200. Le nez a été brisé. Piédouche de marbre bleu turquin.

Donnée par M. Alphonse Maystre.

Germain Pilon.

131 *ter.* COMTESSE DE LA FERTÉ.

Tête de marbre : hauteur, 0,360. Sur les cheveux relevés est posée une coiffe.

Donnée par M. Lajoie, en 1860.

Germain Pilon.

132. PORTRAIT D'UN ENFANT.

Il ressemble beaucoup à deux dessins qui font partie de la collection des crayons du XVIe siècle, à la bibliothèque nationale, et qui portent le nom de Henri III. — Buste de marbre : hauteur, 0,320.

Germain Pilon.

133. JÉSUS SUR LA MONTAGNE DES OLIVIERS.

Il est représenté priant, et l'on voit un ange qui lui apparaît portant une croix et un calice; saint Jean est prosterné aux pieds de son maître, et les apôtres Pierre et Jacques sont placés au premier plan; tous deux sont endormis. Vers la gauche et dans l'éloignement, est le traître Judas, guidant des soldats dont la troupe est à demi cachée par la montagne. — Bas-relief d'albâtre : largeur, 0,600; hauteur, 0,785.

Germain Pilon.

133 *bis.* MELCHISÉDECH.

Debout, dans le costume sacerdotal, bénissant; sur un autel sont placés un vase et des pains, symbole, dans l'Ancien Testament, du sang et de la chair de Jésus-Christ. — Bas-relief d'albâtre : hauteur, 0,585; largeur, 0,240.

Germain Pilon.

133 *ter.* SAINT PAUL.

Debout, une épée dans la main droite, le livre de vérité dans la gauche. La tête a été brisée. — Bas-relief d'albâtre : hauteur, 0,585; largeur, 0,240.

École de Jean Goujon.

134. NYMPHE DE PARIS.

Elle est nue, posée de face et assise sur le bord d'un vaisseau dont la voile est enflée par le vent; elle soulève de la main droite un filet et tient la gauche relevée sur un aviron. Le vaisseau, de forme imaginaire, est décoré de reliefs représentant des enfants et des monstres marins, et porte, en guise de mât, un obélisque surmonté d'une boule que termine un appendice auquel est attaché un pavillon flottant. Des dauphins sont mêlés aux eaux et des nuages sont indiqués sur le ciel. — Bas-relief de pierre de liais : hauteur, 0,450; largeur, 0,260.

École de Jean Goujon.

135. NYMPHE DE LA SEINE.

Elle est représentée nue, ayant sur la tête des roseaux, assise sur le bord d'un navire; elle tient de la main gauche une tige de lis à trois fleurs, qui symbolise les armes de France, et entoure du bras droit le fût d'une colonne, à chapiteau ionique, placée comme un mât à la pointe du navire qui a la forme d'une coquille et est orné de reliefs représentant des dauphins; un pavillon flotte au-dessus de la boule qui surmonte la colonne, et l'on remarque des canons dont les bouches sortent des flancs du vaisseau. Les eaux sont animées par des dauphins et le ciel est indiqué par des nuages. — Bas-relief de pierre de liais : hauteur, 0,450; largeur, 0,260.

École de Jean Goujon.

136. UNE NYMPHE ET UN GÉNIE DES EAUX.

La nymphe est debout, le corps vu de face, le visage posé de profil et regardant à droite; elle est coiffée de roseaux; elle tient d'une main un filet, et appuie l'autre main sur le manche d'un aviron; son pied droit est posé sur une urne d'où s'échappent des eaux; l'on voit à côté une urne plus petite, et un jeune enfant qui semble courir de l'une à l'autre. Des herbes forment le terrain et des nuages indiquent le ciel. — Bas-relief de pierre de liais : hauteur, 0,450; largeur, 0,260.

École de Jean Goujon.

137. VÉNUS.

Elle est nue et posée debout sur une coquille portée par les eaux; elle soulève de l'une et l'autre main sa chevelure qui retombe du côté gauche de la tête. L'on voit des dauphins dans les eaux et des nuages sur le fond du ciel. — Bas-relief de pierre de liais : hauteur, 0,450; largeur, 0,260.

Ces quatre compositions (n°s 134 à 137) ont un cadre semblable formé par un rang de perles qui ne sont qu'ébauchées. S'il est vrai que ces petits bas-reliefs proviennent d'un arc de triomphe fait à la porte Saint-Antoine, ils ne pourraient être l'œuvre de Jean Goujon, à qui ils ont été attribués, car l'avant-portail de la porte Saint-Antoine, qui avait toujours conservé son ancienne forme de forteresse (1), fut édifié de 1583 à 1585 (2), sous le règne du roi Henri III, longtemps après la mort de Jean Goujon.

BARTHÉLEMY PRIEUR, *mort en octobre 1611* (3).

On a dit qu'il était élève de G. Pilon ; et en effet, par le costume de ses figures et par quelques analogies de détails, on le peut rattacher à ce maître, dont il n'a toutefois ni les qualités ni les défauts. Sauval (4), qui nous apprend qu'il était huguenot, ajoute que le connétable de Montmorency l'avait caché et sauvé du massacre de la Saint-Barthélemy, ce qui est une grave erreur, car le connétable de Montmorency était mort en 1567. Le même historien dit que Prieur a restauré la Diane antique et n'en parle pas à sa louange ; il désigne comme ses meilleurs ouvrages, les figures en bas-relief dont il avait orné le milieu de la face de la petite galerie du Louvre, et particulièrement deux Renommées, couchées sur les reins de l'arcade de la porte, que l'on y peut voir de nos jours. Barthélemy Prieur a sculpté le tombeau du connétable dans l'église de Montmorency, et dans celle des Célestins le monument funéraire pour la sépulture du cœur de cet homme illustre, qui fut déposé dans la chapelle d'Orléans, non loin de celui du roi Henri II, le prince ayant ordonné de son vivant que leurs cœurs, qui avaient été toujours d'accord, fussent après la mort réunis en un même lieu (5).

138 à 142. UNE COLONNE, TROIS STATUES ALLÉGORIQUES ET DES EMBLÈMES SCULPTÉS EN BAS-RELIEF, *provenant du monument funéraire du cœur d'Anne de Montmorency, duc et pair, grand maistre et connétable de France, mort en* 1567.

La colonne est de marbre blanc, torse, striée, ornée de sculptures qui figurent des pampres et des feuillages de chêne et d'olivier, surmontée d'un chapiteau composite, incrustée vers le bas de marbre isabelle ; elle est de

---

(1) SAUVAL, t. 1er, p. 105.
(2) Gilles CORROZET, 1586, p. 121.
(3) A. JAL, *Dictionnaire*, p. 1001.
(4) SAUVAL, t. 1er, p. 460 ; t. II, pp. 37, 42.
(5) LE LABOUREUR, *les Tombeaux des personnes illustres*, p. 61.

celles qu'on a nommées salomoniques, parce qu'on y a voulu voir une imitation des colonnes du temple de Salomon ; on a dit qu'elle était de l'ordonnance de J. Bullant (1). Le socle, de marbre noir incrusté de marbre blanc, porte, sur trois de ses faces, des inscriptions gravées qu'on peut lire dans la description des Célestins faite par Millin. — Hauteur de la colonne avec le socle, 3,230.

Les trois statues, posées l'une en avant de la colonne et les deux autres sur les côtés, sont : 1° la Paix ; elle est inclinée et prête à brûler, au moyen d'une torche renversée, un trophée d'armes placé près de ses pieds. — Bronze : hauteur, 1,220. — 2° la Justice, qui tient une épée de la main droite.— Bronze : hauteur, 1,250. — 3° l'Abondance, portant en la main droite des épis, et soutenant de l'autre main une corne remplie de fruits. — Bronze : hauteur, 1,280.

Les sculptures du soubassement, de marbre blanc, d'un léger relief, incrustées dans des plaques de marbre de couleur, figurent des emblèmes de l'Abondance et de la Paix, l'épée de connétable et les alérions qui font partie des armes de la glorieuse maison de Montmorency. — Hauteur, 1,000 ; développement, 2,720.

L'on peut voir dans l'ouvrage de Millin sur les *Antiquités nationales*, une gravure du monument tel qu'il était en son état primitif, dans la chapelle d'Orléans, aux Célestins : la statue de l'Abondance était la seule qui accompagnât la colonne que surmontait alors une urne funéraire ; les deux autres statues formaient à droite et à gauche des motifs détachés. M. A. Lenoir (2), en rétablissant, dans le *Musée des monuments français*, les fragments de cette noble sépulture, avait isolé la colonne en la surmontant de la statue de la Justice, et avait placé les deux autres statues sur un soubassement qui portait la colonne funéraire du cardinal de Bourbon. La colonne et les statues furent exposées isolément dans le Musée d'Angoulême (3), au Louvre.

---

(1) SAUVAL, t. I, p. 460.
(2) A. LENOIR, *Musée des monuments français*, t. III, p. 136, pl. 124.
(3) Comte DE CLARAC, *Musée de la sculpture française*, n°s 70, 79, 92, 93.

Barthélemy Prieur.

143. ANNE DE MONTMORENCY, *duc et pair, maréchal, grand maître et connétable de France, frappé, en combattant devant Saint-Denys, de huit coups mortels, dont il mourut deux jours après, le 12 novembre 1567, âgé de soixante-quinze ans.*

Il est représenté mort, couché, armé de pied en cap, avec l'épée posée au long du corps ; la visière du casque est relevée et laisse à découvert le visage ; les mains gantées sont jointes ; la cotte est blasonnée aux armes des Montmorency, qui sont d'or, à la croix de gueules, cantonnée d'alérions d'azur ; une couronne ducale entoure le casque ; le collier de Saint-Michel traverse la poitrine, et l'ordre de la Jarretière est placé au-dessous du genou gauche. — Statue de marbre : longueur, 1,750.

Barthélemy Prieur.

144. MAGDELAINE DE SAVOIE, *mariée, l'an 1526, à Anne de Montmorency; morte en 1586.*

Elle est représentée morte, couchée, la tête reposant sur un coussin ; son costume se compose d'une longue robe et d'un manteau, d'un capuchon formant camail, d'un bonnet qui cache les cheveux, et d'un linge à petits plis qui couvre le menton et descend au-dessous de la ceinture. — Statue de marbre : longueur, 1,750.

Le monument que la maison de Montmorency avait fait ériger en l'honneur du connétable Anne, dans l'abbaye de Saint-Martin de Montmorency, fut rétabli dans le jardin Elysée du Musée des monuments français (1). Les deux statues du guerrier mort en combattant, et de Madeleine de Savoie sa femme, avaient été conservées (2), et lorsque le Musée des Augustins ut dispersé, elles restèrent en dépôt dans les magasins de l'Ecole des beaux-arts jusqu'au jour où le roi Louis-Philippe

---

(1) A. LENOIR, *Musée des monuments français*, t. V, p. 3; pl. 168.
(2) Le même, t. IV, pl. 147; t. V, pl. 171.

les fit entrer dans les suites de personnages historiques qu'il réunissait à Versailles (1).

Barthélemy Prieur (attribué à).

145. HENRI IV, *roi de France.*

Il est couronné de lauriers ; la cuirasse est ornée d'arabesques. — Buste de marbre : hauteur, 0,800.

Musée des monuments français, n° 265.

145 *bis.* HENRI IV, *couronné de lauriers.*

Tête de bronze, fragment : hauteur, 0,310. Sur piédouche de marbre bleu turquin.

Barthélemy Prieur (attribué à).

146 et **147.** DEUX GÉNIES FUNÉRAIRES.

Leur pose rappelle les figures dont Michel-Ange a orné les sépultures des Médicis, mais leurs formes sont juvéniles et délicates. — Statues de bronze : longueur, 0,950.

XVIe SIÈCLE.

148. PHILIBERT DE LORME, *architecte du roi Henri II, mort en* 1577.

Le visage est posé de profil regardant à gauche. — Bas-relief, la tête de bronze est incrustée sur un fond de marbre : largeur, 0,390, hauteur, 0,480.

Musée des monuments français, n° 469.

XVIe SIÈCLE.

149. CHRISTOPHE DE THOU, *premier président au Parlement, mort en* 1582.

La tête nue et les cheveux très-courts ; une fraise entoure le cou. La robe est de marbre rouge du Languedoc ; le visage, le camail et les revers de la robe,

---

(1) *Notice historique des sculptures,* 1839, n°s 229 et 232.

au-dessous des épaules, sont de marbre blanc.—Buste : hauteur, 0,704.

Ce buste provient du tombeau de de Thou, qui était dans une chapelle de l'église Saint-André-des-Arts. G. Corrozet (1), qui s'étend sur le sujet de cette sépulture, a joint à son texte une planche qui nous fait connaître toute la décoration accessoire et nous a transmis l'effigie, qui, comparée à celle que nous avons sous les yeux, présente une analogie parfaite de visage et une entière dissemblance de costume qu'on ne saurait attribuer qu'au caprice du graveur. M. A. Lenoir, en plaçant dans le Musée des monuments français (2) le buste de Christophe de Thou, l'avait réuni aux statues de Jacques-Auguste, son fils, et de ses deux femmes.

Musée des monuments français, n° 165.

Musée d'Angoulême, au Louvre, n° 82.

XVIᵉ SIÈCLE.

149 bis. LE RETOUR DU MAÎTRE.

Un guerrier, rentrant chez lui, trouve dans sa famille le désordre : des gens à table et jouant, d'autres se querellant, un autre endormi. — Bas-relief de pierre : hauteur, 0,300; longueur, 1,160.

Jacquet dit Grenoble.

150. HENRI IV VAINQUEUR.

Le roi est représenté en costume romain, coiffé d'un casque avec un grand panache, brandissant son épée et lançant son cheval sur des ennemis en déroute. Plusieurs guerriers sont renversés, un cheval est abattu, un autre fuyant ; le roi, suivi de trois hommes d'armes, poursuit quatre cavaliers qui portent des drapeaux. Au fond et vers la gauche, une ville est figurée dans le lointain, et les habitants, implorant la clémence du vainqueur, forment un groupe en avant de la porte. En haut, on voit Jupiter, sortant d'un nuage, qui tient en sa main droite le foudre, et de la gauche présente, au-dessus de la tête de Henri IV victorieux, une couronne de feuillages dont la partie antérieure a

(1) G. CORROZET, *Antiquités de Paris*, t. I, p. 164; t. II, p. 99, planche.
(2) A. LENOIR, t. V, p. 56, pl. 177.

été brisée. — Bas-relief de marbre : longueur, 0,660 ; hauteur, 0,470.

Musée des monuments français, n° 113, pl. 126.

Jacquet dit Grenoble.

151. UNE VICTOIRE.

Ailée, couronnée de lauriers, elle est posée horizontalement, portant en sa main droite une palme et tenant sur ses deux bras un collier de l'ordre du Saint-Esprit. Des trophées sont disposés vers les extrémités, et l'on remarque, du côté droit, les insignes d'Hercule, que les sculpteurs ont souvent figurés pour célébrer le roi Henri IV. — Bas-relief de marbre : longueur, 0,830 ; hauteur, 0,270.

Jacquet dit Grenoble.

152 à 155. GÉNIES *portant en leurs mains les initiales du nom de Henri, les insignes de la royauté ou des emblèmes en l'honneur de Henri IV.*

1° L'un tient la couronne et un étendard aux armes de Navarre ; 2° un autre, la lettre H et deux sceptres reliés par des lauriers ; 3° un troisième, une corne d'abondance, la lettre H et les sceptres réunis de France et de Navarre ; 4° le quatrième, une couronne et une trompette avec un pavillon aux armes de France. — Quatre bas-reliefs de marbre : longueur de chacun, 0,320 ; hauteur, 0,260.

Les bas-reliefs compris sous les n°s 150 à 155 ont fait partie de la grande cheminée que le roi Henri IV avait fait sculpter par Jacquet, en 1559, dans le château de Fontainebleau ; en 1725, elle fut détruite, pour faire place aux constructions d'un théâtre. Elle avait vingt-trois pieds de haut, sur vingt de large. La figure équestre du roi occupait le centre ; au-dessous était la bataille d'Ivry et la reddition de Mantes, dans un cadre de marbre blanc (1).

(1) Abbé GUILBERT, *description du château de Fontainebleau.*

XVIIe SIÈCLE.

156. PHILIPPE DESPORTES, *poëte, né à Chartres en 1545, mort en son abbaye de Bon-Port l'an 1606.*

Médaillon de bronze contenant un portrait en buste ; bas-relief : hauteur 0,430 ; largeur, 0,430.

Il provient du monument que Théobald Desportes, frère de Philippe, lui avait fait ériger dans l'abbaye de Bon-Port, et décorait le soubassement d'une colonne que surmontait une urne funéraire (1). M. A. Lenoir l'avait rétablie en son entier dans le Musée des monuments français, n° 546.

XVIIe SIÈCLE.

157. PERSONNAGE INCONNU.

La tête est presque chauve ; quelques cheveux qui garnissent les tempes sont relevés, de même que la moustache ; la barbe est en pointe. — Buste, la tête de bronze, l'armure d'albâtre : hauteur, 0,600.

XVIIe SIÈCLE.

158. MARTIN FRÉMINET, *peintre, né à Paris en 1567, mort l'an 1619. Il a peint la chapelle de Fontainebleau, fut premier peintre de Henri IV, et reçut de Louis XIII le cordon de Saint-Michel.*

La chevelure est courte et bouclée, la barbe taillée en pointe, les moustaches sont relevées ; le pourpoint est boutonné et le col rabattant ; un manteau est drapé sur la poitrine que traverse l'ordre de Saint-Michel. — Buste de bronze : hauteur, 0,490.

Il provient de l'abbaye de Barbeau (2), où était le tombeau de Martin Fréminet.
Musée des monuments français, n° 562.
Musée d'Angoulême, au Louvre, n° 47.

(1) Comte DE CLARAC, *Description*, n° 82.
(2) Voir la planche de l'ouvrage de MILLIN, *Antiquités nationales.*

XVIIᵉ SIÈCLE.

159. PIETA.

Le corps du Christ est soulevé par la vierge Marie placée en arrière, et un ange, occupant le côté gauche, soutient la tête. Le donateur est représenté du côté opposé : c'est un prélat, vêtu d'habits sacerdotaux, ayant près de lui sa crosse, et agenouillé sur un prie-Dieu qui supporte un livre ; ses armes, qui sont placées en avant du prie-Dieu, sont celles de Juste de Serres, abbé de Montbourg, évêque du Puy, mort en 1641. Les chairs et principalement les visages ont conservé des traces de peinture ; les vêtements sont bordés et festonnés d'or ; le fond figure une riche étoffe dorée, et l'encadrement est formé par une moulure découpée dont les ornements se détachent sur un fond d'or. — Bas-relief de pierre : longueur, 1,530 ; hauteur, 0,900.

Il provient de l'église de Sainte-Geneviève.

XVIIᵉ SIÈCLE.

160. L'APPARITION DU SAINT-ESPRIT.

La vierge Marie et trois saintes femmes occupent le fond et sont représentées en prière ; au-dessus de leur tête on voit le Saint-Esprit, sous la forme d'une colombe, planant dans les airs. Le lieu de la scène est une chambre percée de portes et de fenêtres ; deux colonnes détachées, qui se relient à l'ensemble de l'architecture, divisent en trois compartiments la composition et encadrent les groupes des apôtres qui sont, les uns agenouillés, les autres debout, tous élevant leurs regards vers l'Esprit-Saint qui leur apparaît. — Bas-relief de pierre, conservant quelques traces d'une peinture rosée qui lui donne une apparence de terre cuite. Longueur, 1,440 ; hauteur, 1,120.

XVIIᵉ SIÈCLE.

161. UN CHIEN.

Bronze : hauteur, 0,960.

162. Un Chien.

Bronze : hauteur, 0,960.

162 *bis.* Un Chien.

Bronze : hauteur, 0,960.

162 *ter.* Un Chien.

Bronze : hauteur, 0,960.

Ces beaux animaux décoraient le piédestal d'une fontaine (1) que le roi Henri IV avait fait construire dans le jardin de la reine à Fontainebleau, et qui, privée des quatre chiens, existe encore aujourd'hui, surmontée, comme elle le fut dès l'origine, d'un bronze de la Diane antique. Les chiens furent transportés dans les jardins de Saint-Cloud, deux en ont été retirés en 1850 et deux en 1872.

XVIIe SIÈCLE.

163. Hercule.

Il est représenté en buste, couvert d'une peau de lion. — Bas-relief de terre cuite : diamètre, 0,560.

Il provient d'une maison de Reims.

XVIIe SIÈCLE.

163 *bis.* Le passage de la mer Rouge.

Moïse, Aaron et les Israélites occupent tout le côté droit dans des directions et à des plans différents. Du côté opposé, Pharaon, sur un char, ses chevaux se débattant, est entouré des Égyptiens qui sont engloutis par les eaux. Les deux nations sont séparées par la nuée miraculeuse. — Bas-relief de pierre : hauteur, 0,740; longueur, 1,920.

Guillaume **BERTHELOT**, *sculpteur ordinaire de la reine-mère, Marie de Médicis, mort à Paris en* 1648 (2).

Cet artiste est cité deux fois dans la *Description du château de Richelieu*, par M. Vignier, 1° pour avoir fait une Renommée en bronze placée sur le petit dôme qui surmontait la porte, et 2°, sur la façade du même dôme, une statue en marbre du roi Louis XIII. Le peintre romain Baglione,

(1) P. Dan, *le Trésor des merveilles de la maison royale de Fontainebleau*, MDCXLII.

(2) A. Jal, *Dictionnaire*, p. 211.

qui a écrit des biographies d'artistes, depuis le pontificat de Grégoire XIII jusqu'au temps du pape Urbain VIII, a consacré quelques lignes à un sculpteur français, son contemporain, qu'il nomme Guillaume Bertolot. Le nom n'est pas trop altéré pour être passé d'une langue en une autre. Il nous apprend que ce Français, qu'il cite comme l'un des sculpteurs les plus habiles de son temps, vint de Paris à Rome, où il fit ses études et pratiqua son art. Les principaux ouvrages dont Baglione lui fait honneur sont des statues de bronze et, en première ligne, le beau modèle de la Vierge portant son fils dans ses bras, pour être placé, en face de Sainte-Marie-Majeure, sur le faite de la colonne antique qu'on avait retirée du temple de la Paix, au Campo-Vaccino ; il cite en outre deux anges de métal et une statue de l'apôtre saint Paul, également de bronze ; il ajoute qu'il restaura pour les Borghèse le Narcisse de marbre, et qu'il en fit ensuite un de métal ; il termine en disant que Guillaume Bertolot retourna à Paris, et qu'après y avoir travaillé, sous le pontificat d'Urbain VIII, il mourut.

Guillaume Berthelot.

164. La Renommée.

Elle est nue, ailée, représentée volant et soufflant dans une trompette qu'elle soutient de la main droite ; dans la gauche est un appendice qui semble un fragment d'un instrument semblable. La statue ne tient à sa base que par l'extrémité du pied droit. Le socle, de forme hémisphérique, est moderne. — Statue de bronze : hauteur, 1,340.

M. Lenoir assure que cette statue a été originairement placée à Bordeaux, au château Trompette, aujourd'hui détruit. La *Description du château de Richelieu* par Vignier contient la notice suivante : « Sur le « petit dôme qui est au-dessus de la porte, il y a une Renommée d'airain « qui est de Berthelot, » et il la dépeint ainsi :

La Renommée au vol soudain,
Au-dessus de ce petit dôme,
Une trompette en chaque main,
Publie avec plaisir de royaume en royaume,
La grandeur du ministre et de son souverain.

On ne saurait trouver une indication plus juste de la statue que le Louvre possède ; or, une statue identique provenant du château de Boissy et antérieurement de celui de Richelieu, a été vendue à Paris au mois de décembre 1854 ; celle-là était assurément celle dont parle Vignier et avait été, de même que la nôtre, fondue sur le modèle de Guillaume Berthelot ; et en effet l'on n'en saurait imaginer aucun qui convînt mieux pour terminer ces dômes qui furent si fort à la mode dans les constructions du règne de Louis XIII.

Simon GUILLAIN, *sculpteur et architecte, né à Paris l'an* 1581, *mort en la même ville le* 26 *décembre* 1658.

Il fut élève de son père, sculpteur connu sous le nom de Cambrai, du lieu de sa naissance, et étudia ensuite en Italie. Quatre figures d'évangélistes pour le portail de Saint-Gervais furent, à son retour, ses premiers travaux qui furent suivis d'ouvrages en grand nombre pour les églises et les maisons de Paris. Lorsque le pont au Change fut achevé en 1647, Simon Guillain fut préféré à Sarrazin pour l'exécution du monument que la Ville fit ériger aux frais des propriétaires des maisons du pont, en l'honneur de Louis XIII et de Louis XIV; il en fut le sculpteur et l'architecte. Nous avons à regretter que le monument ait été démoli en 1787, mais du moins nous possédons les trois statues principales et un grand bas-relief en pierre qui nous permettent de le reconstruire par la pensée. En 1648, qui est l'époque de l'exécution de cette œuvre de sculpture, Guillain fut nommé l'un des douze anciens ou premiers professeurs de l'Académie de peinture et de sculpture, dont il fut élu recteur en 1657. Son portrait qu'avait peint Noël Coypel a été gravé par P. L. Surugue.

165. Louis XIV, *à l'âge de dix ans.*

Debout, il tenait à la main un sceptre (la poignée seule a été épargnée); le bras gauche, replié à la hauteur de la hanche, soulève les plis d'un manteau royal. Le camail, imitant l'hermine, est traversé par un collier du Saint-Esprit. — Statue de bronze : hauteur, 1,530.

Du monument du pont au Change.

Simon Guillain.

166. Louis XIII.

Debout, tenant de la main droite un sceptre dont la fleur de lis a été brisée, et de la gauche faisant un geste de commandement. La chevelure est flottante; le manteau royal, relevé, laisse apercevoir l'armure et les bottes qui couvrent les jambes. L'ordre du Saint-Esprit est suspendu sur le camail. — Statue de bronze : hauteur, 2,300.

Du monument du pont au Change.

Simon Guillain.

167. Anne d'Autriche.

Debout, appuyant la main droite sur sa poitrine, elle tenait de l'autre un sceptre dont il ne reste que la poignée. Des perles sont mêlées à ses cheveux, et un collier entoure son cou; des dentelles sont indiquées sur le corsage et les manches de sa robe que recouvre en partie un manteau fleurdelisé. — Statue de bronze : hauteur, 2,000.

Du monument du pont au Change.

Simon Guillain.

168. Des Captifs et des Trophées.

Quatre hommes, d'âges différents, figurent des nations vaincues : deux sont entièrement couverts de draperies dont ils s'enveloppent; un jeune homme, vu de dos, est entièrement nu ; le quatrième, dont les bras sont liés en arrière, a la poitrine et les jambes découvertes. Des armes et des étendards sont sculptés sur le fond qu'ils remplissent entièrement. — Bas-relief de pierre : hauteur, 1,140; longueur, 3,670.

Du monument du pont au Change.
Musée des monuments français, n° 474, pl. 179.
Musée d'Angoulême, au Louvre, n°s 41, 42, 43.

Simon Guillain.

169. Charlotte-Catherine de La Trémouille, *princesse de Condé, morte en 1629.*

Elle est agenouillée, les mains jointes, ayant devant elle un prie-Dieu sur lequel est posé un livre. Sa robe laisse voir la poitrine; des perles ornent son cou et ses oreilles; son manteau fleurdelisé est doublé d'hermine. — Statue de marbre : hauteur, 1,025.

Cette statue avait été érigée par Henri de Bourbon, dans l'église des religieuses de l'Ave-Maria, et placée sur la clôture de la chapelle de la princesse de Condé (1). Elle a fait partie du Musée des monuments français (2), et avant d'être transportée au Louvre, elle a été placée dans

(1) Le Laboureur, *les Tombeaux des personnes illustres*, p. 289.
(2) A. Lenoir, n° 170; *Description*, p. 252.

les salles de sculpture du palais de Versailles (1). Guillet de Saint-Georges, dans un mémoire lu à l'Académie le 4 août 1691, désigne le mausolée de Charlotte-Catherine de La Trémouille, en l'église de l'Ave-Maria, au nombre des ouvrages de Simon Guillain (2).

XVIIe SIÈCLE.

170. LOUIS XIII.

La chevelure flottante forme une masse très-abondante sur le côté gauche; une fraise entoure le cou; le manteau royal, drapé sur la poitrine, est traversé par les colliers de Saint-Michel et du Saint-Esprit. — Buste de bronze : hauteur, 0,730.

XVIIe SIÈCLE.

171. LOUIS II DE BOURBON, *dit le Grand Condé, né en 1621, mort en 1686.*

Il est représenté jeune (il n'avait pas 22 ans lorsqu'il remporta la victoire de Rocroi, le 19 mai 1643). La chevelure est longue et couvre les épaules; un manteau drapé cache à demi la cuirasse qui est ornée de ciselures, dont le motif principal est une fleur de lis avec des griffons pour supports. — Buste de bronze : hauteur, 0,590.

GUILLAUME DUPRÉ, *graveur de monnaies sous Henri IV et Louis XIII, mort à Paris vers l'année* 1642 (3).

172. NICOLAS BRULART DE SILLERY, *chancelier de France, né en 1544, mort en 1624.*

Il est représenté de profil, regardant à droite, revêtu d'un pourpoint et d'une robe fourrée. — Médaillon de bronze, portant l'inscription qui suit: NICOL. BRULARTUS. A. SILLERY. FRANC. ET. NAVARÆ. CANCEL. (LARIVS.). G. DUPRÉ. 1613. — Diamètre, 0,340.

(1) *Notice historique*, 1839, n° 256.
(2) P. MANTZ, voir l'*Athenæum français* du 29 mars 1856.
(3) A. JAL, *Dictionnaire*, p. 519.
(4) Albert BARRE, *Graveurs généraux et particuliers des Monnaies de France*, 1867.

XVIIᵉ SIÈCLE.

173. SAINT SÉBASTIEN.

Nu, représenté mort et attaché au tronc d'un arbre par le bras droit, qui supporte le poids du corps. — Statuette de bronze doré : hauteur, 0,550.

N° 27 des bronzes de l'inventaire des diamants de la couronne, IIᵉ part., p. 254.

Placée en ce moment dans la salle des petits bronzes du Musée de la Renaissance, premier étage du Louvre.

JACQUES SARRAZIN (1), *sculpteur et peintre, né à Noyon en 1588, mort à Paris le 3 décembre 1660.*

Après avoir travaillé à l'école du père de Simon Guillain, il alla à Rome et y vécut dix-huit années, étudiant de préférence les ouvrages de Michel-Ange, dont il faisait gloire de se déclarer le disciple; de retour à Paris vers 1628, il ne tarda pas à être employé aux sculptures du Louvre, et les Cariatides qu'il composa pour la décoration du grand pavillon central témoignèrent de ses droits à continuer l'œuvre de Jean Goujon ; la réputation qu'il en acquit le fit très-rechercher pour l'ornementation des grandes habitations de Paris et la décoration des églises. Les historiens (2) citent ses travaux à Saint-Nicolas-des-Champs, à Saint-Gervais, au Noviciat des Jésuites, et surtout dans l'église de Saint-Louis de la rue Saint-Antoine, où l'on admirait deux anges portant au ciel le cœur de Louis XIII, fondus en argent et bronze doré, par Perlan, que Sauval désigne comme le meilleur fondeur de son temps, et dont on trouve souvent le nom joint à celui de Sarrazin pour des monuments de leur art qui exigeaient la réunion de leurs talents ; tel était le mausolée du cœur du prince de Condé, mort en 1646, œuvre très-considérable et la dernière exécutée par Sarrazin, qui tomba malade en y travaillant. Il avait été de ceux qui jetèrent les fondements de l'Académie de peinture et de sculpture, l'un des douze anciens ou professeurs en 1648, et recteur en 1654. Son portrait a été gravé par C. N. Cochin.

Jacques Sarrazin.

174. SAINT PIERRE.

Debout ; les mains sont jointes ; la jambe droite, relevée, pose sur un fragment de terrain, et près des pieds l'on voit le coq qui rappelle le reniement de l'apôtre. — Petite statue de marbre : hauteur, 0,640.

(1) L. DUSSIEUX, E. SOULIÉ, PH. DE CHENNEVIÈRES, PAUL MANTZ, A. DE MONTAIGLON, *Mémoires inédits sur la vie et les ouvrages des membres de l'Académie royale de peinture et de sculpture.*

(2) SAUVAL, t. Iᵉʳ, pp. 426, 462, 464, 465, 486, 560 ; t. II, pp. 29, 31, 158, 192, 196, 343 ; t. III, pp. 2, 5, 14, 16, 44.

Jacques Sarrazin.

175. Sainte Marie-Madeleine.

Debout, représentée pleurant et essuyant ses larmes ; elle tient en la main gauche le petit vase à parfums qui sert le plus souvent à la faire reconnaître. — Petite statue de marbre : hauteur, 0,550.

« Dans l'inventaire qui suivit la mort de Sarrazin, les originaux de « plusieurs bustes furent achetés pour le roi par M. Ratabon (surin-« tendant des bâtiments), avec deux figures entières, de la même main, « dont l'une représente saint Pierre et l'autre la Madeleine (1). » Ce sont assurément les deux petites figures que le Musée possède, et très-probablement des répétitions de celles que Sauval (2) désigne pour les avoir vues dans la chapelle de l'hôtel du chancelier Séguier, et dont il parle en ces termes : « Sarrazin a élevé sur son autel les figures de saint Pierre et « de sainte Marie-Madelaine, les patrons du maître et de la maîtresse de « ce palais. »

Jacques Sarrazin.

176. Figure allégorique.

Elle représente la Douleur sous les traits d'une jeune femme assise sur un tombeau et déroulant une légende sur laquelle on lit : MEMORIÆ DRVSI HENNEQVIN ABBATIS AC DNI DE BERNAY ET IN SVPREMO SENATV PARISIENSI SENATORIS INTEGERRIMI. VIXIT ANNOS LXXVI OBIIT DIE VII MARTII ANNO SAL. MDCLI. Un jeune enfant, à demi caché par l'angle du tombeau, joint les mains et semble exprimer la tristesse. L'on voit, vers l'angle gauche inférieur, les armoiries de l'abbé de Bernay, et sur le terrain, près des pieds de la femme, on lit la signature du sculpteur : IACOBVS SARAZIN FECIT. — Bas-relief de marbre, de forme ovale : hauteur, 1,320 ; largeur, 1,000.

Sauval (3) parle de ce monument et le juge très-bien : « A Sainte-Croix-« de-la-Bretonnerie, le tombeau de l'abbé de Bernay, de la conduite de

---

(1) GUILLET DE SAINT-GEORGES, *Mémoire historique.* Voir L. DUSSIEUX, déjà cité.
(2) SAUVAL, t. II, p. 196.
(3) SAUVAL, t. 1er, p. 426.

« Sarrazin, est le plus simple de Paris et le plus modeste, mais il ne passe
« pas pour son chef-d'œuvre. »

Musée des monuments français, n° 244.

Jacques Sarrazin (attribué à).

177. PIERRE SÉGUIER, *chancelier de France, mort en
1672.*

La chevelure est bouclée, le costume est une robe de
magistrat, l'ordre du Saint-Esprit est suspendu au cou
et placé sur la poitrine. Sur le piédouche sont ciselées
les marques de la dignité de chancelier de France, qui
sont deux masses posées en sautoir.—Buste de bronze :
hauteur, 0,420.

Le chancelier Séguier fut un des protecteurs de l'Académie de peinture et de sculpture, et lorsqu'il mourut, les Académies réunies voulurent témoigner de leur reconnaissance et honorer sa mémoire par une cérémonie dont Mme de Sévigné nous a transmis le détail.

FRANÇOIS ANGUIER, *que l'on croit né à Eu en 1604,
mort à Paris le 8 août 1669.*

Il fut élève de Guillain et fit un séjour de deux années en Italie ; lorsqu'il en fut de retour, il obtint du roi Louis XIII la garde de son cabinet des antiques et un logement au Louvre. Nous possédons ses ouvrages les plus importants.

178 à 190. MONUMENT FUNÉRAIRE DES DUCS DE
LONGUEVILLE (1).

Il se compose d'une pyramide de marbre blanc dont les
quatre faces sont décorées de figures et de trophées destinés à rappeler la gloire militaire de la maison de Longueville et ses goûts pour les sciences, les lettres et les
arts. Les quatre figures allégoriques qui accompagnent
les angles du piédestal, posées debout, sont : 1° la Force,

(1) Voir la gravure de Marot.

portant une massue; 2° la Prudence, qui tient un serpent et un miroir; 3° la Justice, armée de faisceaux et d'une hache; 4° la Tempérance. — Ces statues sont de marbre : hauteur, 1,480, — 1,474, — 1,483, — 1,410. Quatre bas-reliefs sont engagés dans le soubassement en-dessous de chacune des figures dont ils sont les représentations symboliques : pour la Force, c'est un lion qui terrasse un sanglier; une tête de Janus, pour la Prudence; pour la Justice, un génie tenant une balance, et pour la Tempérance, un enfant qui verse un liquide d'une aiguière en un vase. — Ces bas-reliefs sont de marbre : hauteur, 0,486; largeur, 0,372. Deux belles couronnes de fleurs taillées en relief sont encadrées dans des listels de marbre noir : hauteur, 0,490; longueur, 0,620. Une sorte de piédestal supporte la pyramide et repose, ainsi que les quatre statues allégoriques qui l'accompagnent, sur un large soubassement; ce piédestal, surmonté d'un couronnement où sont sculptés un sablier et deux torches renversées, est orné de deux bas-reliefs de cuivre doré : celui qui occupe la face antérieure représente la bataille de Senlis, où Henri de Longueville défit le duc d'Aumale, et le vainqueur y est figuré combattant au centre d'une mêlée de cavaliers armés à l'antique. — Hauteur, 0,406; longueur, 0,758. — L'autre est le secours d'Arques, et l'on y remarque le roi Henri IV, parlant au duc de Longueville, qui est vu de dos, ayant près de lui son cheval tenu en bride par un écuyer. — Hauteur, 0,406; longueur, 0,758. — Hauteur de la pyramide, 4,350.

Lorsque ce monument servait de sépulture aux ducs Henri Ier et Henri II de Longueville, morts le premier en 1595, le second en 1663, et à Charles Paris. d'Orléans, dernier duc de Longueville, tué en 1672, il était dans la chapelle d'Orléans, de l'église des Célestins (1). Il fut transporté et rétabli dans le Musée des monuments français (2); mais lorsque les fragments en furent rapportés au Louvre, ce fut isolément qu'ils furent exposés dans le Musée d'Angoulême (3).

(1) SAUVAL, t. 1er, p. 461.
(2) A. LENOIR, n° 207, *Musée des monuments français*, t. V, p. 107, pl. 175.
(3) Comte DE CLARAC, *Musée de la sculpture française*, n°s 85, 45, 46, 76, 66, 71, 74, 2, 12, 8, 6.

5.

François Anguier.

191. JACQUES-AUGUSTE DE THOU, *président à mortier au parlement de Paris, historien, mort en* 1617.

Il est agenouillé, la tête nue, couvert d'un long manteau qu'il relève de la main gauche, tandis que de la droite il tourne les feuillets d'un livre posé sur un prie-Dieu, qui est composé d'une figure d'ange terminée en console renversée. — Statue de marbre : hauteur, 1,450.

> Elle provient du tombeau de cet homme célèbre dont l'effigie, ainsi que celle de ses deux femmes, était placée dans l'une des chapelles de l'église Saint-André-des-Arts (1). Lorsque l'église fut détruite, les fragments de ces sépultures furent transportés au Musée des monuments français et y furent réunis (2). Après 1816, les statues de Jacques-Auguste de Thou et de ses deux femmes restèrent en dépôt dans les magasins de l'École des beaux-arts, d'où elles furent retirées par ordre du roi Louis-Philippe, qui les fit placer dans le Musée de Versailles (3), aile du Midi, galerie 139.

Musée des monuments français, n° 165.

François Anguier.

192. L'HISTOIRE INSCRIVANT LE TITRE DES OEUVRES DE JACQUES DE THOU.

L'Histoire, sous les traits d'une femme ailée, à demi nue, est assise et écrit sur une tablette que soutient un jeune enfant, ces mots : IACOBI AVGVSTI THVANI HISTORIARVM SVI TEMPORIS LIBRI CXXXVIII. Un petit enfant, tenant une couronne et une branche d'olivier, entoure du bras gauche le cou de celui qui supporte la tablette ; un autre, ayant à la main une longue trompette, avance la tête pour voir les mots qu'a tracés l'Histoire. Vers l'extrémité gauche, trois génies sont occupés à entasser des livres ; de l'autre côté, cinq forment un groupe dont toute l'action est dirigée sur une balance

---

(1) G. BRICE, t. III, p. 218.
(2) A. LENOIR, *Musée des monuments français*, t. V, p. 55, pl. 177.
(3) *Notice des sculptures de Versailles*, 1839, n° 290, p. 197.

que tient l'un d'eux, représentant l'équité de l'historien, de même que l'épée et le faisceau d'armes que l'on voit aux mains de deux autres en personnifient la vigueur et la fermeté. Une autruche est placée en arrière. — Bas-relief de bronze : longueur moyenne, 1,220 ; hauteur, 0,330.

Il provient du tombeau de l'historien de Thou (n° 191).

François Anguier.

193. JACQUES DE SOUVRÉ, *chevalier de l'ordre de Saint-Jean-de-Jérusalem, grand prieur de France, mort en* 1670.

Il est représenté mourant, à demi couché, le haut du corps nu, les jambes couvertes d'une draperie ; en arrière est posé un enfant dont le visage exprime l'anxiété, et près des pieds un trophée d'armes qui rappelle les services militaires du chevalier de Malte. — Groupe de marbre : hauteur, 1,160 ; longueur, 1,960.

Ce groupe provient du tombeau que François Anguier (1) avait exécuté dans l'église de Saint-Jean-de-Latran, qui était située en face le Collége royal, et était la seule maison que l'ordre de Malte eût à Paris, avant que le Temple lui eût été donné. M. A. Lenoir l'avait placé dans le Musée des monuments français (2), et en avait formé un monument en y réunissant des fragments qui sont restés à l'École des beaux-arts, lorsque le roi Louis-Philippe fit placer dans le Musée de Versailles (3) la figure de Jacques de Souvré, que l'on a vue jusqu'en 1850 dans l'aile du nord, galerie n° 90.

Musée des monuments français, n° 191.

MICHEL ANGUIER, *né à Eu le 28 septembre 1612, académicien en 1668, mort à Paris le 11 juillet 1686. Son portrait, peint par Gab. Revel, a été gravé par Laurent Cars.*

Après avoir laissé les premiers essais de sa jeunesse dans sa ville natale, il vint à Paris, où il fut élève de Guillain, puis il partit pour Rome et y

---

(1) DUSSIEUX, E. SOULIÉ, PH. DE CHENNEVIÈRES, PAUL MANTZ, A. DE MONTAIGLON, *Mémoires inédits sur la vie et les ouvrages des membres de l'Académie royale de peinture et de sculpture*, t. I, p. 468.

(2) A. LENOIR, *Musée des monuments français*, t. V, p. 91, pl. 185.

(3) *Notice de la sculpture du Musée de Versailles*, 1839, n° 413.

resta dix ans. A son retour, en 1651, ayant exécuté quelques sculptures au monument du duc de Montmorency, que son frère ainé, François, exécutait en l'église des religieuses de Sainte-Marie, dans la ville de Moulins, il commença une suite non interrompue de travaux importants dans la ville de Paris : les plus considérables ont été la décoration des plafonds du Louvre, dont Romanelli a fait les peintures, en 1662 ; les sculptures du Val-de-Grâce en 1674, celles de la porte Saint-Denis. Son dernier travail fut un crucifix pour l'autel de la Sorbonne.

194. JEAN—BAPTISTE COLBERT, *marquis de Seignelay, mort en* 1683.

La tête est coiffée d'une vaste perruque ; le manteau, drapé à grands plis, est décoré d'une croix du Saint-Esprit. — Buste de marbre : hauteur, 0,798.

Musée des monuments français, n° 200 *bis*.

Michel Anguier.

195. AMPHITRITE.

Nue, debout, elle regarde un crustacé posé sur sa main gauche. — Statue de marbre : hauteur, 2,000. Elle a été rapportée du jardin réservé de Saint-Cloud, en 1872.

Elle est placée dans la salle de Coyzevox.

GASPARD et BALTHAZAR MARSY. *Gaspard, né à Cambrai en* 1624, *académicien en* 1657, *mort à Paris le* 10 *décembre* 1681 ; *Balthazar, né à Cambrai en* 1628, *académicien en* 1673, *mort à Paris en mai* 1674. *Un portrait de Gaspard de Marsy, peint par Jacques Carré, se voit au Musée de Versailles*, n° 3519.

Les deux frères, après avoir consacré quelques années à travailler sous les ordres de Sarrazin, d'Anguier et de Van Obstal, firent preuve d'une grande fécondité de talent pour la sculpture décorative. Les travaux en stuc qu'ils avaient exécutés dans les grandes habitations de Paris ont été détruits, mais ceux qu'ils firent pour le roi dans la galerie d'Apollon (1), au Louvre, et les groupes en plomb dont ils ont orné les jardins de Versailles, ont survécu et témoignent de leurs talents, qui ne furent jamais mieux inspirés que quand ils furent réunis. Ils sculptèrent ensemble, dans l'église

(1) PH. DE CHENNEVIÈRES, *Description de la galerie d'Apollon.*

de Saint-Germain-des-Prés, le tombeau (1) de Casimir, roi de Pologne, mort en 1672. Ce monument, que surmonte la statue du prince, agenouillé, était accompagné de deux figures de captifs qui en furent détachées lorsqu'on l'exposa dans le Musée des monuments français (2), et n'y ont pas été réunies lorsque, après 1816, le tombeau du roi de Pologne fut restitué à l'église de Saint-Germain-des-Prés, où il a été rétabli tel que nous le voyons de nos jours.

Les œuvres sculptées par les frères Marsy qui existent encore à Versailles sont : Les groupes et figures en plomb de la fontaine du Dragon, de la fontaine de Bacchus, du bassin de Latone; aux bains d'Apolon, deux Tritons et deux Chevaux de marbre blanc; des statues décoratives sur les façades et dans l'intérieur du palais. De Gaspard de Marsy seul, deux statues de marbre, Vénus et le Point du jour.

196. UN CAPTIF.

Statue de marbre : longueur, 1,500.

Provenant du tombeau de Casimir, roi de Pologne.

197. UN CAPTIF.

Statue de marbre : longueur, 1,600.

Provenant du tombeau de Casimir, roi de Pologne.

Gaspard Marsy (d'après).

198. BORÉE ENLEVANT ORYTHIE.

Réduction du groupe en marbre que Duquesnoy et Gaspard Marsy ont fait en commun, et qui est actuellement dans le jardin des Tuileries. — Bronze : hauteur, 1,020.

Il est actuellement placé dans la salle des bronzes du Musée de la Renaissance, premier étage du Louvre.

---

(1) Voir la gravure par Marot.
(2) A. LENOIR, *Musée des monuments français*, n° 194, t. V, p. 94 pl. 186.

TABLE ALPHABÉTIQUE

DES

SCULPTEURS DONT LES ŒUVRES SONT DÉCRITES
DANS CETTE PREMIÈRE PARTIE.

	Pages.
Anguier (François)...	100
Anguier (Michel)...	103
Berthelot (Guillaume)...	93
Buonarroti (Michelagnolo)....................................	25
Cellini (Benvenuto)..	28
Colombe (Michel)..	54
Cousin (Jean)..	67
Desiderio da Settignano.......................................	11
Dupré (Guillaume)...	97
Franqueville (Pierre)..	45
Goujon (Jean)...	61
Guillain (Simon)..	94
Jacquet dit Grenoble...	89
Jean de Bologne..	43
Lorenzo da Mugiano...	15
Marsy (Balthazar et Gaspard)................................	104
Mino da Fiesole...	12
Paolo Romano,..	13
Pilon (Germain)...	72
Ponzio, Ponce...	30
Prieur (Barthélemy)..	85
Ricciarelli (Daniele) da Volterra.............................	34

TABLE ALPHABÉTIQUE.

	Pages.
Riccio (Andrea)	18
Richier	58
Robbia (Andrea della)	7
Robbia (Giovanni della)	8
Robbia (Luca della)	5
Rossellino (Antonio)	12
Roussel (Fremyn)	71
Sarrazin (Jacques)	98
Schillinck (Emeric)	38
Tacca (Pierre)	43
Vinci (Pierino da)	15
Vries (Adrien de)	47

DEUXIÈME PARTIE.

SCULPTURES
DES TEMPS MODERNES.

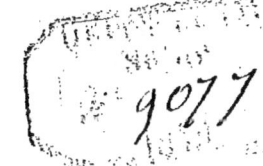

SCULPTURES MODERNES

DES XVIIe XVIIIe ET XIXe SIÈCLES.

PIERRE **PUGET**, *sculpteur, peintre, architecte, constructeur de navires, né à Marseille le 31 octobre 1622, mort en la même ville le 2 décembre 1694.*

Il eut pour premier maître un constructeur de galères nommé Roman, et n'était âgé que de 16 ans lorsqu'on lança à la mer un bâtiment dont il avait exécuté les sculptures; il n'avait plus rien à apprendre dès lors dans sa ville natale et partit pour l'Italie, où il fut tour à tour sculpteur en bois à Florence et peintre à Rome, sous la direction de Pietre de Cortone. En 1643 il revint à Marseille et fut sollicité par le duc de Brézé de dessiner un vaisseau de guerre; il le fit tel que pouvait l'imaginer un jeune artiste pour qui étaient déjà familiers les principaux arts du dessin, : Puget devait les connaître tous, car il réunit bientôt aux talents déjà acquis le génie de l'architecture, qui se développa en lui par un second voyage à Rome, consacré à l'étude attentive des monuments de l'antiquité. La peinture (1) l'occupa d'abord, exclusivement, pendant deux années, de 1652 à 1655, à Marseille, où l'amour du sol natal le ramenait sans cesse; à partir de ce moment il fut sculpteur sans cesser d'être architecte. Les Cariatides de l'hôtel de ville de Toulon furent son premier essai. Puget, quand il les termina en 1657, avait trente-cinq ans. Appelé en Normandie par le marquis de Vaudreuil, il exécuta pour lui une statue d'Hercule et un groupe de Janus et Cybèle, vint à Paris, y connut l'architecte Le Pautre, et fut présenté au surintendant Fouquet, qui voulut l'employer à la sculpture de son château de Vaux, et l'envoya à Carrare pour y choisir ses marbres. Puget s'établit à Gênes, et la disgrâce de Fouquet ayant mis fin à sa mission, il fit de grands travaux dans cette ville, où il a peut-être laissé son chef-d'œuvre, le saint Sébastien; il y resta neuf ans. Lorsqu'il revint en France, ce fut à Toulon qu'il alla d'abord, et l'amiral duc de Beaufort l'employa à la décoration de plusieurs galères. La construction d'un arsenal, qui fut projeté et détruit par un incendie dès le début des travaux, éveilla tour à tour en l'âme de Puget une noble ambition et un cruel découragement, qui lui fit solliciter sa retraite. Il revint à Marseille en 1685; c'est là qu'il a achevé, pour le roi Louis XIV, les grands ouvrages de sculpture qui ont illustré son nom; c'est là qu'il est mort, et son dernier travail fut le bas-relief représentant la peste de Milan. Son caractère fut trop fier et trop indépendant pour se plier à la règle hiérarchique de l'organisation des arts telle que

---

(1) F. VILLOT, *Notice des tableaux*, 3e partie, école française, 1855, p. 298. Léon Lagrange, *Pierre Puget, Gazette des Beaux-Arts*, année 1865.

l'avait comprise Louis XIV. Puget ne fut point appelé à l'Académie, qui ouvrit ses portes au Bernin, et il fut souvent forcé de faire son éloge et de dire aux hommes de son siècle tout ce qu'il valait et quelle haute estime lui était due. Il a écrit de lui-même : « Je me suis nourri aux grands ouvrages, je nage quand j'y travaille; le marbre tremble devant moi, pour grosse que soit la pièce. »

Son portrait, peint par son fils, a été gravé par Jeaurat (1).

Puget.

199. CARIATIDE DE L'HOTEL DE VILLE DE TOULON.

Un torse d'homme nu, dont le bras droit est rejeté en arrière et le gauche relevé en avant de la tête qui supporte la corniche d'un balcon, se termine en une gaîne que décorent des draperies et d'amples coquilles. — Figure de ronde bosse : hauteur, 3,180 ; plâtre moulé d'après l'original.

Puget,

200. CARIATIDE DE L'HOTEL DE VILLE DE TOULON.

Un torse d'homme nu, dont la main gauche est appuyée contre le visage et la droite posée sur une corniche que la tête supporte, se termine comme le précédent en une gaîne que décorent des draperies et d'amples coquilles. — Figure de ronde bosse : hauteur, 3,180 ; plâtre moulé d'après l'original.

Ces deux figures colossales, dont Puget décora la façade de l'hôtel de ville de Toulon, sont les premières sculptures monumentales qu'il fit en France (le contrat passé avec les consuls porte la date du 19 janvier 1656). On assure que Bernin, qui les vit lorsqu'il traversa la Provence, se rendant à Paris, où il était appelé par le roi Louis XIV pour achever le palais du Louvre, dit : « Je suis surpris que le roi, ayant un sujet si habile, ait pensé à m'appeler auprès de sa personne. »

Puget,

201. HERCULE.

Il est représenté nu, assis, la jambe gauche appuyée sur la massue que recouvre une peau de lion, et l'un des

(1) Chalcographie du Louvre, 1967 du catalogue.

bras retombant sur un bouclier que décorent les trois fleurs de lis de France. Les pommes d'or que pressent les doigts expliquent comment le dieu ne se repose qu'après avoir accompli l'un de ses plus périlleux travaux. — Statue de marbre : hauteur, 1,600.

<small>Puget ayant été envoyé en Italie, en 1660, par le surintendant Fouquet, afin d'y choisir les marbres qui devaient être employés au château de Vaux, s'établit à Gênes et, en même temps qu'il s'occupait de sa mission, il fit la statue, qui fut nommée l'Hercule gaulois. Cette statue appartint ensuite à Colbert, fut placée longtemps dans l'avant-cour de Sceaux, et plus tard dans le jardin (1). Au commencement du siècle on la voyait dans une des salles des séances de la chambre des pairs.</small>

Puget.

202. DEUX ANGES ENFANTS.

Ils sont nus, posés debout et appuyés l'un et l'autre sur un socle en console, qui est orné sur le devant de deux têtes de chérubins ailées. — Groupe de marbre : hauteur, 0,680.

<small>Ce groupe fut exécuté, vers 1670, pour le tabernacle de l'église des Minimes, à Toulon. Il a fait partie du Musée des monuments français, n° 552, et M. A. Lenoir en avait orné le monument qu'il avait composé en l'honneur de Puget.</small>

Puget.

203. MILON DE CROTONE.

Debout et nu, il est représenté faisant un suprême effort pour arracher sa main droite de l'arbre qui l'étreint et ne cède pas, et repoussant de la gauche la gueule du lion qui, attaché à ses flancs, le déchire des dents et des griffes. — Groupe de marbre : hauteur, 2,700. Sur la base est gravée l'inscription qui suit :
P. PVGET SCVLP MASSILIENCIS FA... (CIEBAT) ANNO 1682.

En 1671, Puget envoya au ministre Colbert les dessins du Milon et du bas-relief d'Alexandre. L'arrangement de l'emplacement, à

---

(1) Lettre de Lebrun à Puget, en date du 19 juillet 1683.

Toulon, où ont été travaillés les marbres, commença en 1672. En 1679, le bas-relief n'était que dégrossi; le Milon plus avancé. En 1681, au mois d'août, Puget emporta les marbres à Marseille.

Lorsque la statue de Milon fut envoyée par Puget de Marseille à Versailles, en 1683, elle fut d'abord placée dans un des endroits les moins fréquentés du petit parc, mais Louis XIV la vit et la fit poser en tête de l'allée royale. La reine, touchée de pitié pour une mâle douleur si énergiquement exprimée, s'écria à la vue du Milon : « Ah ! le pauvre homme ! » (1).

Puget.

204. PERSÉE DÉLIVRANT ANDROMÈDE.

Le jeune héros, vêtu et armé à l'antique, s'élance vers le faîte d'un rocher sur lequel se détache tout l'ensemble du groupe. Il délie les chaînes qui retiennent Andromède, et la jeune fille, représentée nue, appuie l'un de ses bras, qui est déjà libre, sur le bras gauche de Persée. Le mobile et la récompense probable de l'action héroïque sont indiqués par la présence d'un amour enfant, posé près des pieds d'Andromède, vu de dos et suspendu à l'anneau d'une chaîne. Des armes sont réunies en trophée sur les terrains, et l'on remarque un ruban déroulé sur lequel sont gravés les mots LVDOVICO MAGNO ; en outre et sur la base : P. PVGET. MASSIL. SCVLP. ARCH. ET. PIC. SCVLPEBAT ET DICABAT EX. A (nimo) A (nno) DOM. MDCLXXXIV. — Groupe de marbre : hauteur, 3,200.

Le roi Louis XIV voulut avoir un pendant au groupe de Milon, et, le 20 octobre 1683, Puget adressait un mémoire à M. le marquis de Louvois, où l'on lit ces mots : « Je me suis remis après mon groupe de l'Enlèvement « d'Andromède par Persée, dont j'enverrai bientôt le dessin ; j'espère que « cet ouvrage sera plus beau et plus agréé que celui de Milon ; la pièce de « marbre est sans aucun défaut et blanche comme la neige ; j'y ai travaillé, « en divers temps, cinq ans. » Lorsque le groupe terminé fut présenté à Louis XIV, en 1685, par le fils de Puget, qui déjà avait accompagné le Milon, le roi dit qu'il n'y avait personne dans l'Europe qui le pût égaler. Il donna la préférence à ce groupe sur le premier ; cependant quelques critiques furent faites, et M. de Tournefort, passant à Marseille, dit au sculpteur qu'on trouvait la figure d'Andromède trop petite et que Persée paraissait un peu vieux pour un jeune héros. Puget répondit qu'un de ses élèves, nommé Veyrier, avait, à la vérité, un peu raccourci la figure d'Andromède en l'ébauchant ; que néanmoins on y rencontrait les mêmes

---

(1) Lettre de Lebrun à Puget, en date du 19 juillet 1683.

proportions qu'à la Vénus de Médicis ; à l'égard du Persée, ajouta-t-il en riant, le coton qu'il a sur les joues marque plutôt sa grande jeunesse que son âge avancé. En une autre occasion, il répondit que l'Andromède était aussi grande que la plus grande dame de la cour.

Puget.

205. ALEXANDRE ET DIOGÈNE.

Le roi de Macédoine est représenté passant à cheval, la tête découverte, la main droite ramenée vers l'épaule et la gauche appuyée sur la hanche, se retournant vers Diogène que l'on voit presque nu, assis dans un tonneau et disant au prince de s'écarter de son soleil. Un homme de formes robustes et vulgaires retient, à l'aide d'une chaîne, un chien qui semble prêt à s'élancer sur le philosophe ; quelques guerriers, à pied ou à cheval, complètent le groupe qui a pour fond des édifices en perspective. — Bas-relief de marbre : hauteur, 3,320 ; largeur, 2,960.

Il fut fait pour Versailles et n'y fut pas placé d'abord, car Dargenville nous apprend qu'on le voyait de son temps dans la salle des Antiques, au Louvre. Puget l'avait commencé à Toulon en même temps que la statue de Milon, et en 1685 il y travaillait encore.
Puget fut payé du Milon et du bas-relief d'Alexandre, le marbre ayant été concédé par l'État, 6,000 livres.
Il fit le piédestal du Milon, le marbre fourni par lui, pour le prix de 2,000 livres.
Le 2 octobre 1683, Louvois, qui venait de remplacer Colbert, écrivait : « Je vous prie d'avertir le sieur Puget que je ne désire point de piédestaux de marbre, tous ceux de Versailles n'étant que de pierre. »

Puget (attribué à).

206. ALEXANDRE VAINQUEUR.

Alexandre est représenté armé et porté par un cheval qui se cabre. Trois barbares sont renversés sous lui : l'un d'eux est mort ; un autre s'appuie en tombant ; le troisième étend un bras et se cache le visage ; des armes sont jetées pêle-mêle sur le sol. On lit sur la base la signature P. PUGET. — Groupe de marbre de petite proportion : hauteur, 1,100.

> Les biographes de Puget nous ont conservé l'indication de la pensée qu'i aurait conçue d'une statue équestre de Louis XIV : « .... Quant aux « autres ouvrages que je pourrais entreprendre pour contribuer à l'orne- « ment de Versailles, le premier serait le roi à cheval, sur trois pieds, et « pour soutenir le fardeau, je pratiquerais quelques broussailles de lau- « riers, mêlées avec quelques épines, armures des ennemis, même « quelques soldats renversés au pied de la statue du roi, qui serait à « peu près comme le Milon. » Bien que ce groupe d'Alexandre présente quelques analogies de composition avec le projet que renferment les paroles citées ci-dessus, la figure principale n'offrant aucune ressemblance avec le roi Louis XIV, l'on n'y saurait reconnaître le modèle du groupe projeté par Puget.

Acquisition de l'année 1849.

Bernin (d'après).

207. MÉDUSE (*Tête de*).

Des serpents sont mêlés aux cheveux. — Marbre : hauteur, 0,520.

Bernin (d'après).

208. MÉDUSE (*Tête de*).

Semblable à celle qui précède, avec quelques variantes. — Marbre : hauteur, 0,520.

Ces deux têtes sont des copies d'une œuvre originale de Bernin conservée, dit-on, au Musée de Berlin.

FRANÇOIS GIRARDON, *né à Troyes le 16 mars 1628, mort au Louvre le 1er septembre 1715.*

Il eut pour maître, en son enfance, un menuisier et sculpteur en bois (1), nommé Baudesson, et se forma surtout par le goût très-vif qu'il conçut pour les œuvres élégantes dont François Gentil, Troyen, et l'Italien

---

(1) Dessins et retouches des bois du Royal Louis, amiral. Lettres de d'Infreville à Colbert, Toulon, 1688. *Archives de l'art fr n- çais*, t. IV.

SCULPTEURS FRANÇAIS, XVIIᵉ SIÈCLE.

Domenico ont enrichi les églises de Troyes au XVIᵉ siècle. Il alla à Rome par la protection du chancelier Séguier et en revint en 1650. Le 7 juillet 1657, il fut admis à l'Académie. Sa vie fut partagée entre Paris et sa ville natale qu'il n'oublia jamais et pour laquelle il a beaucoup travaillé. Ses œuvres les plus considérables, à Paris, ont été la statue équestre de Louis XIV et le tombeau du cardinal de Richelieu, que l'on peut voir dans l'église de la Sorbonne. Girardon avait formé un cabinet de sculptures antiques et modernes qui ont été gravées en six planches par Nicolas Chevalier. Son portrait, peint par Gabriel Revel, est à l'école des Beaux-Arts ; un pastel par Vivien, au Musée du Louvre ; à la Chalcographie, un portrait gravé, d'après Rigaud, par Gaspard Duchange.

209. Louis XIV.

Il est représenté à cheval, tenant les rênes de la main gauche et faisant de la droite un geste de commandement ; vêtu à la romaine et coiffé à la mode de son temps. Un bouclier orné d'une tête de Méduse est posé sur la base. — Statuette de bronze : hauteur, 1,020. Modèle de la statue équestre que la ville de Paris fit ériger, en l'honneur du roi, sur la place Louis-le-Grand, en 1699, et qui a été fondue en 1792.

Musée des monuments français, n° 212.

Girardon.

210. Pied gauche de la statue de Louis XIV (1).

Bronze : longueur, 0,680.

Musée des monuments français, n° 240.

Girardon.

211. Boileau Despréaux, *poëte, mort en 1711.*

Le visage est tourné à droite ; un manteau drapé

(1) BOFFRAND, architecte du roi Louis XV, *Description de ce qui a été pratiqué pour fondre en bronze, d'un seul jet, la figure équestre de Louis XIV, élevée par la ville de Paris dans la place de Louis-le-Grand, en 1699,* enrichi de planches en taille-douce, Paris, 1743.

laisse voir la chemise qui est ouverte et garnie de dentelle. — Buste de marbre : hauteur, 0,900.

Il a inspiré à Boileau les vers qui suivent :

> Grâce au Phidias de notre âge,
> Me voilà sûr de vivre autant que l'univers ;
> Et ne connût-on plus ni mon nom, ni mes vers,
> Dans ce marbre fameux, taillé sur mon visage,
> De Girardon toujours on vantera l'ouvrage.

Il a fait partie du Musée des monuments français, n° 312.

Girardon (d'après).

212. PLUTON ENLEVANT PROSERPINE.

Réduction du groupe en marbre que Girardon a fait d'après le dessin de Le Brun pour la colonnade dans le parc de Versailles. — Bronze : hauteur, 1,000.

Il est placé dans la salle des séances.

Girardon.

213. ALEXANDRE.

La tête de porphyre est antique ; le corps et la draperie modernes, sont en vert de mer et bronze doré. — Buste : hauteur, 0,970.

Il est figuré dans le cabinet de sculptures antiques et modernes de Girardon, gravé par Nicolas Chevalier.

Aux œuvres de Girardon, déjà désignées, nous ajouterons : au Louvre, des sculptures décoratives dans la galerie d'Apollon et dans la chambre du Roi ; dans l'église de St-Eustache, le tombeau de Louvois ; celui de Bignon, à St-Nicolas-du-Chardonnet ; à Versailles le groupe principal des bains d'Apollon, le bas-relief des baigneuses pour la cascade de l'Allée verte.

JACQUES BUIRETTE, *né en 1631, mort à Paris le 3 mars 1699.*

Elève de Jacques Sarrazin, il fut reçu à l'Académie le 27 août 1661, et fut l'un des maîtres de Desjardins.

Son portrait, peint par Antoine Benoît, est à l'École des Beaux-Arts.

214. L'union de la Peinture et de la Sculpture.

La Sculpture, debout, demi-nue, appuie la main droite sur le Torse antique, et la gauche sur le bras de la Peinture, qui tient en l'une de ses mains des pinceaux et pose l'autre sur l'épaule de la Sculpture; un amour qui tient une palette est assis aux pieds de la Peinture. — Bas-relief de marbre : largeur, 0,700; hauteur, 0,920.

C'est le morceau de réception de Buirette à l'Académie.

ÉTIENNE LEHONGRE, *né à Paris l'an 1628, mort aux galeries du Louvre le 28 avril 1690.*

Élève de Sarrazin, il partit pour l'Italie en 1653, étudia à Rome, ne revint à Paris qu'en 1659 et fut reçu à l'Académie le 30 avril 1667. Les travaux qu'il exécuta au Temple, aux Prémontrés du faubourg Saint-Germain, au Luxembourg et à Choisy pour Mademoiselle d'Orléans, de même que ceux dont il avait orné plusieurs des riches hôtels de Paris, n'existent plus; il n'est resté que peu de chose de ceux qu'il fit au collège Mazarin; mais Versailles en a conservé davantage et l'on y peut étudier son style comme statuaire, sa manière et son goût comme sculpteur et ornemaniste.

215 à 217. Une Colonne et deux Génies funéraires (1) *provenant d'un tombeau que Mme la maréchale de la Meilleraye fit élever dans la chapelle d'Orléans de l'église des Célestins, en l'honneur de Louis de Cossé, duc de Brissac, mort en 1661, et de Jean Armand de Cossé, frère de Louis, mort en 1658. Une inscription y rappelait la mémoire de Timoléon de Cossé, comte de Brissac, tué au siège de Mucidan en Périgord, l'an 1569, dont Charles IX avait fait déposer le cœur en la même chapelle* (2).

La colonne est de marbre blanc, cerclée de cinq couronnes ducales et ornée de chiffres qui sont formés de la

---

(1) Le monument de Louis de Cossé avait été et est resté placé dans la salle de Jean Goujon, du Musée de la Renaissance.

(2) Il en est résulté une confusion qui a persisté aussi longtemps qu'un mémoire de Guillet de Saint-Georges, sur les ouvrages de M. Lehongre, est resté manuscrit et oublié dans les archives de l'École des Beaux-Arts. Voir *Mémoires inédits*, t. 1er, p. 370.

réunion des lettres L et C ; le chapiteau composite est décoré d'aigles qui sont les supports des armoiries de la maison de Cossé. Les deux génies funéraires, debout, aux côtés de la colonne, sont à demi nus ; l'un d'eux tient un cœur de la main droite, l'autre est représenté pleurant ; tous deux s'appuient sur un écu armorié qui est de sable à trois fasces d'or denchées par le bas, pour cimier un aigle d'or issant du bourlet du timbre, pour supports deux aigles. — Ces deux statues sont de marbre : hauteur de la colonne, 3,199 ; des statues, 1,130.

Musée des monuments français, n° 106.
Musée d'Angoulême, au Louvre, n° 67.

PIERRE HUTINOT, *né à Paris en 1616, mort le 29 septembre 1679.*

Élève de Simon Guillain, il a travaillé, avec Nicolas Legendre, à l'hôtel de Beauvais, de la rue Saint-Antoine.

218. LA PEINTURE ET LA SCULPTURE DÉCOUVERTES PAR LE TEMPS.

Le Temps soulève un rideau et découvre un buste, une palette et des pinceaux, qui sont posés sur un piédestal ; il est éclairé par la Science, et près de lui est un amour qui tient une équerre, une règle et des compas. — Bas-relief de marbre : hauteur, 0,830 ; largeur, 0,650.

C'est sur cette sculpture que Pierre Hutinot fut reçu à l'Académie, le 3 septembre 1667.

MARTIN DESJARDINS (*son nom, en hollandais, est Van Den Bogaerts*), *né à Bréda (Hollande) en 1640, mort au Louvre le 2 mai 1694.*

Ce sculpteur n'est Hollandais que par sa naissance ; il vint jeune à Paris, et tous ses travaux furent pour la France, où il mourut. Il a sculpté quatre enfants et des ornements dans l'escalier de l'hôtel Beauvais ; il n'avait alors que vingt ans, et fut employé au château de Vincennes, par Houzeau, par Van Opstal, et par Buiret. Il a travaillé à la Sorbonne, au collège des Quatre-Nations, à la porte

St-Martin. Il fut reçu à l'Académie le 28 mars 1671. Il se fit honorablement connaître par la statue équestre de Louis XIV, pour la place Bellecourt, à Lyon, et lorsque le duc de la Feuillade eut la pensée d'élever sur la place des Victoires, à Paris, un monument à l'image et en l'honneur de son roi, ce fut Desjardins qu'il choisit pour le composer et le fondre. La statue de Louis XIV, détruite en 1792, ne nous est connue que par la gravure, mais les bas-reliefs du piédestal nous ont été conservés.

Son portrait, morceau de réception de Rigaud à l'Académie, a été gravé par Gérad Edelinck, en 1698 (1).

219. HERCULE COURONNÉ PAR LA GLOIRE.

La Gloire, à demi nue et vue de dos, tient en la main gauche une statuette de la Victoire et dépose une couronne sur la tête d'Hercule, qui est représenté nu, couvert d'une peau de lion, ayant en la main droite une pomme du jardin des Hespérides, et s'appuyant de la gauche sur une massue; un dragon abattu est à ses pieds. — Bas-relief de marbre : largeur, 0,730; hauteur, 0,810.

C'est le morceau de réception à l'Académie de Desjardins, qui célébra, sous une forme allégorique, les vertus héroïques de Louis XIV (2).

Desjardins.

220. ÉDOUARD COLBERT, *marquis de Villacerf, mort en 1699. Il était frère du ministre de Louis XIV.*

Il est représenté avec une ample chevelure et vêtu d'un manteau sur lequel retombe un rabat de dentelle. —Buste de marbre : hauteur, 1,050. On lit en dessous l'inscription qui suit : EDOUARD COLBERT, MARQUIS DE VILLACERF, SURINTENDANT DES BATIMENS DU ROI, AGÉ DE LXIIII ans, FAIT PAR DESJARDINS, SCULPTEUR DU ROI, RECTEUR DE SON ACADÉMIE.

M. de Villacerf fit présent de son buste à l'Académie le 29 décembre 1696 (3).

(1) Chalcographie du Louvre, 1883 du catalogue.
(2) L. DUSSIEUX, E. SOULIÉ, PH. DE CHENNEVIÈRES, PAUL MANTZ, A. DE MONTAIGLON, *Mémoires inédits*, t. 1er, p. 391.
(3) GUÉRIN, *Description de l'Académie royale des arts de peinture et de sculpture.*

Desjardins.

221. LA PRÉSÉANCE DE LA FRANCE RECONNUE PAR L'ESPAGNE, 1662.

Bas-relief de bronze : longueur, 1,680; hauteur, 1,100.

Desjardins.

222. LE PASSAGE DU RHIN, 1672.

Bas-relief de bronze : longueur, 1,680; hauteur, 1,100.

Desjardins.

223. LA DERNIÈRE CONQUÊTE DE LA FRANCHE-COMTÉ, 1674.

Bas-relief de bronze : longueur, 1,680; hauteur, 1,100.

Desjardins.

224. LA PAIX DE NIMÈGUE, 1678.

Bas-relief de bronze : longueur, 1,680; hauteur, 1,100.

Desjardins.

225. LES DUELS ABOLIS.

Bas-relief de bronze : diamètre, 0,820.

Desjardins.

226. L'HÉRÉSIE DÉTRUITE, 1685.

Bas-relief de bronze : diamètre, 0,820.

Ces six bas-reliefs (compris sous les nos 221 à 226) ont orné le piédestal de la statue que le maréchal duc de la Feuillade éleva à ses frais, en l'honneur de Louis XIV (1), sur la place des Victoires, et qui fut inaugurée avec un grand cérémonial le 28 mars 1686. Ils étaient accompagnés d'inscriptions qui sont citées fort au long par Brice (2), en son *Histoire de Paris.*

Quatre esclaves de bronze, qui étaient placés sur les angles du piédestal, ont été adossés contre les pavillons qui terminent la façade de l'Hôtel des Invalides, à Paris.

Musée des monuments français, n° 208, pl. 176, nos 319 et 320.

De Desjardins, l'on peut voir à Versailles : sur la façade du Palais, avant-corps à gauche quatre statues: Galatée, Echo, Thétys, (?), dans l'intérieur de l'Orangerie, Louis XIV, marbre colossal, première statue destinée à la place des Victoires ; à la fontaine du Point-du-Jour, Diane; au tapis vert, Artémise, commencée par Lefèvre ; aux écuries, des enfants et des masques.

CHARLES-ANTOINE **COYZEVOX**, *né à Lyon le* 29 *septembre* 1640, *académicien le* 11 *avril* 1676, *mort à Paris le* 10 *octobre* (3) 1720.

Il fit ses premiers essais dans sa ville natale, ses études à Paris, sous Lerambert, et, à l'âge de vingt-sept ans, fut appelé en Allemagne par le cardinal de Furstemberg, pour qui il exécuta d'importants travaux au palais de Saverne. Ceux qu'il fit à Versailles, dès son retour, en 1671, lui ont assigné l'un des premiers rangs parmi les sculpteurs du siècle de Louis XIV ; ils furent suivis de grands ouvrages pour Marly, qui ont été, en partie, transportés dans les jardins des Tuileries, dont ils sont encore aujourd'hui l'ornement : ce sont les deux chevaux ailés, dont l'un porte Mercure et l'autre la Renommée; une Flore, une Hamadryade, un Faune jouant de la flûte. Le talent de Coyzevox se prêtait à tous les genres, et particulièrement au portrait : les bustes qu'il a exécutés avec beaucoup de naturel et de distinction nous ont dignement conservé les traits des hommes les plus illustres de son siècle.

Son portrait, par Hyacinte Rigaud, a été gravé en 1708, par Jean Audran (4).

227. TOMBEAU DE MAZARIN.

Le cardinal MAZARIN, agenouillé, la tête nue, revêtu du costume des princes de l'Église, a la main gauche posée sur le cœur ; un ange, placé derrière lui, tient un faisceau, qui était la pièce principale de ses armes ;

---

(1) François LEMÉE, *Traité des statues*, Paris, 1688.

(2) G. BRICE, t. 1er, p. 398.

(3) A. JAL, Dictionnaire, p. 452, et Germain BRICE, description de Paris, 1752, t. I, p. 208.

(4) Chalcographie du Louvre, 1881 du catalogue.

la barette et un manteau sont posés plus loin. — Groupe de marbre: hauteur, 1,600. On lit sur le socle : A. Coyzevox, f. 1692.

Le sarcophage est de marbre portor.

Trois statues allégoriques de bronze sont assises sur les degrés du tombeau et appuyées aux moulures du soubassement; elles représentent la Prudence, la Paix, la Fidélité.

228. La Prudence, ayant le pied droit posé sur le globe du monde, soutient un aviron et porte en la main gauche un petit miroir qu'entoure un serpent. On lit sur le manche de l'aviron : A. Coyzevox, f. 1692. — Statue de bronze : hauteur, 1,420.

229. La Paix, couronnée d'olivier, porte une corne d'abondance, et tient en la main droite une torche abaissée dont la flamme est posée sur un bouclier faisant partie d'un groupe d'armes sur lequel elle est assise. — Statue de bronze : hauteur, 1,470.

230. La Fidélité, le pied posé sur une cassette, soutient un bouclier aux armes de France et porte en la main gauche la couronne royale. Un chien, qui se blottit près d'elle, est à demi caché par les plis de la robe. — Statue de bronze : hauteur 1,450.

Deux figures de marbre blanc, qui ont fait partie du monument primitif et qui, placées à une grande élévation, servaient de supports aux armoiries du cardinal, ont été rapprochées du tombeau. Elles représentent :

231. La Religion. Assise, drapée et voilée, regardant le ciel, elle tient une petite église appuyée sur son genou; une cigogne est posée en arrière. — Statue de marbre : hauteur, 1,490.

232. LA CHARITÉ. Assise, drapée et voilée, elle tient de la main droite un cœur enflammé, et de la gauche attire vers elle un jeune enfant nu et vu de dos. — Groupe de marbre : hauteur, 1,480.

<small>Le cardinal Mazarin avait ordonné par son testament, fait trois jours avant sa mort, le 16 mars 1661, la construction du collége des Quatre-Nations. Ses volontés furent exécutées, et son tombeau fut l'ornement principal de la chapelle qu'il avait fondée. Il a fait partie du Musée des monuments français (1), et avait été compris, jusqu'en 1850, dans les suites de sculptures historiques du palais de Versailles (2).</small>

COYZEVOX.

233. MARIE-ADÉLAÏDE DE SAVOIE, *duchesse de Bourgogne.*

Elle est représentée avec les emblèmes de Diane et vêtue d'une tunique très-courte; sa main droite est posée sur la tête d'un lévrier, et la gauche soulève une boucle de sa chevelure qui est ornée d'un croissant. On remarque sur le carquois suspendu derrière les épaules une croix et des fleurs de lis. Les mots : A. COYZEVOX, 1710, AD VIVVM, sont gravés sur la base, au-dessous du pied gauche. — Statue de marbre : hauteur, 1,950.

<small>Elle fut faite pour le duc d'Antin et placée à Petit-Bourg.</small>

COYZEVOX.

234. UN BERGER ET UN PETIT SATYRE.

Le berger, jouant de la flûte, est assis; le petit Satyre debout et en arrière, dérobe le bâton du berger, en recommandant le silence par un geste malin. Les mots : A. COYZEVOX. F. et la date 1709 sont gravés sur la base. — Groupe de marbre : Hauteur, 1,840.

<small>Il a été fait pour Marly et y était placé du côté de la chapelle; transporté dans le jardin des Tuileries, lorsque le roi Louis XV y vint demeurer, il en a été retiré le 28 septembre 1870.</small>

<small>(1) A. LENOIR, *Musée des monuments français*, n° 187, t. V, p. 84, pl. 164.
(2) *Notice historique des sculptures*, 1839, n° 359, p. 230.</small>

Coyzevox, d'après une antique.

234 bis. VÉNUS.

Elle est nue, assise sur une tortue qui symbolise la pudeur timide; la main droite soutient la chevelure et la gauche ramène une légère draperie. On lit sur la base: ΦΙΔΙΑC. HAEIOIC. et au-dessous : A. COYZEVOX. 1686. — Statue de marbre : hauteur, 1,300.

<small>Un bronze des Keller a remplacé à Versailles l'œuvre de Coyzevox, apportée au Louvre le 26 septembre 1871.</small>

Coyzevox.

235. LE CARDINAL DE RICHELIEU, *mort en* 1642.

Les cheveux sont courts, la moustache et la royale en pointe ; un rabat retombe sur le camail que traverse un cordon auquel est suspendue la croix du Saint-Esprit. Sur le scabellon on lit : RICHELIEU. — Buste de marbre, hauteur, 0,840.

<small>Musée des monuments français, n° 276.</small>

Coyzevox.

236. PERSONNAGE INCONNU.

La chevelure est bouclée ; un grand camail couvre les épaules et est traversé par un cordon qui soutenait une croix que l'on a effacée. — Buste de marbre : hauteur, 0,880.

<small>Musée des monuments français, n° 490. (Sous le nom de Fénelon.)</small>

Coyzevox.

237. BOSSUET, *mort en* 1704.

Les cheveux sont courts ; un camail couvre les épaules ; une cravate cache en partie le cou. — Buste de marbre : hauteur, 0,780.

<small>Musée des monuments français, n° 311.</small>

COYZEVOX.

238. CHARLES-ANTOINE COYZEVOX, *mort en 1720.*

Buste de marbre : hauteur, 0,670. On lit sur le piédouche : CHARLES ANTOINE COISEVOX SCULPTEUR DU ROI, CHANCELIER DE L'ACADÉMIE FAIT PAR LUI MÊME DONNÉ A L'ACADÉMIE PAR CHARLES PIERRE COUSTOU ARCHITECTE DU ROI, SON PETIT NEVEU.

COYZEVOX.

239. CHARLES LE BRUN, *peintre, graveur, architecte, mort en 1690.*

La chevelure est abondante, la moustache courte ; la chemise est fixée au cou par un poignet brodé qu'agrafe un bouton d'orfévrerie ; le manteau est drapé. On lit par derrière : C. LE BRUN PREMIER PEINTRE DU ROI ET CHANCELIER DE L'ACADÉMIE. A COYZEVOX FECIT. 1679. PAR ORDRE DE L'ACADÉMIE. — Buste de marbre : hauteur, 0,650.

COYZEVOX.

240. PIERRE MIGNARD, *peintre, mort en 1695.*

Les cheveux sont longs et flottants ; la chemise est garnie de dentelle, le manteau est drapé. — Buste de marbre : hauteur, 0,780.

COYZEVOX.

241. MARIE SERRE.

La tête est couverte d'un mouchoir formant une sorte de voile et de turban ; la robe est ornée de nœuds. Au-dessous est l'inscription qui suit : MARIE SERRE MÈRE DE HYACINTHE RIGAVD FAIT PAR COYZEVOX EN 1706. — Buste de marbre : hauteur, 0,810.

On lit dans un mémoire sur Hyacinthe Rigaud : « Pour marquer à sa mère sa reconnaissance filiale .... sa piété et sa tendresse pour elle le déterminèrent, à la fin de 1695, de quitter toutes ses occupations pour faire le voyage du Roussillon, et lui rendre chez elle ce qu'il lui devait. Une de ses principales vues, en faisant le voyage, était de la peindre et de remporter avec lui l'image de celle qui lui avait donné le jour. Son dessein était de faire exécuter ce portrait en marbre, c'est pourquoi il la peignit en trois différentes vues; une en face, l'autre en profil, et la troisième en trois quarts, afin que M. Coyzevox, son ami, un des plus habiles sculpteurs de France qui devait faire en marbre ce portrait, eût plus de facilité à le perfectionner. Cet ouvrage fait l'ornement le plus précieux du cabinet de ce fils reconnaissant, et doit y rester jusqu'au temps qu'il a destiné de le consacrer à l'Académie royale de peinture (1).

Musée des monuments français, n° 297.

Coyzevox.

242. Louis XIV, *roi de France.*

Le visage est posé de profil, regardant à droite; la chevelure est abondante; une écharpe, drapée sur les épaules, laisse apercevoir une portion d'armure. — Médaillon de bas-relief, de marbre : hauteur, 0,680; largeur, 0,540.

Musée des monuments français, n° 262.

Coyzevox.

243. Marie-Thérèse, *femme de Louis XIV.*

Le visage est posé de profil, regardant à gauche; la draperie de la robe est retenue sur la poitrine et sur l'épaule par des agrafes; un collier de perles entoure le cou. — Bas-relief de marbre : hauteur, 0,610; largeur, 0,540.

Musée des monuments français, n° 262.

Corneille **VAN CLÈVE**, *né à Paris en 1645, mort en la même ville le 31 décembre 1732.*

Élève de François Anguier, il alla à Rome comme pensionnaire du roi et fut reçu à l'Académie le 26 avril 1681 ; il a fait beaucoup de travaux

---

(1) Mémoires inédits sur la vie et les ouvrages des membres de l'Académie royale de peinture et de sculpture, t. II, p. 117.

dans les résidences royales et les églises de Paris. On voit, de nos jours, dans le jardin des Tuileries, son groupe en marbre représentant la Loire et le Loiret.

Son portrait, peint par Vivien, a été gravé par Poilly (1).

244. POLYPHÈME.

Il est assis sur un rocher, tenant de la main droite une flûte à sept tuyaux, et de la gauche un long bâton recourbé sur lequel est appuyé le pied gauche. — Statuette de marbre : hauteur, 0,890.

C'est le morceau de réception de Van Clève à l'Académie.

JEAN-BAPTISTE **THÉODON**, *né en* 16..? *mort le* 18 *janvier* 1713 (2).

Français et instruit en France, il a surtout travaillé à Rome où ses ouvrages, que l'on rencontre le plus souvent rapprochés de ceux de Pierre Legros et de ceux de Bernin, ont toujours été estimés : les principaux sont à St-Jean de Latran, dans l'église des Carmes, dans celle de Jésus; à Versailles, deux termes de marbre dans le parc; deux statues d'apôtres sur la balustrade de la chapelle ; à Paris, dans le jardin des Tuileries, un groupe commencé à Rome et que Lepautre a achevé; une statue d'un empereur, copie d'une antique, sont, avec les deux grandes figures que nous allons décrire, tout ce que Théodon a laissé de sa main dans son pays natal.

244 bis. ATLAS.

Il est nu, debout, appuyant la main droite sur un rocher. Son nom, ATLAS, et celui du sculpteur, THÉODON, sont gravés sur la base. — Statue de marbre : hauteur, 2,850.

Théodon.

244 ter. PHAÉTUSE.

Elle est nue, debout, représentée au moment où commence sa métamorphose; des racines sortent des

---

(1) Chalcographie du Louvre, 1865 du catalogue.
(2) Piganiol de la Force, *Description de Versailles*.

doigts de ses pieds et l'écorce d'un peuplier enveloppe quelques parties de son corps. Près d'elle est un cygne dont la tête a été refaite.

Sur la base on lit : PHAETUSE, et sur le tronc de l'arbre tapissé de lierres, THEODON. — Statue de marbre : hauteur, 2,800.

Les statues d'Atlas et de Phaétuse ont été retirées du jardin des Tuileries, le 17 octobre 1870.

PIERRE LE PAULTRE, *né à Paris, le 6 septembre 1660, mort en la même ville le 22 janvier 1744.*

Élève de Magnier. Pensionnaire, il fit à Rome un long séjour; de ses premières études nous sont restés une copie de l'Atalante, qui, de Marly, a été portée dans le jardin des Tuileries, et la copie du Faune ayant sur l'épaule un chevreau. Il a terminé le groupe d'Arrie et Pætus, commencé à Rome, par Théodon; il a exécuté, d'après un modèle que Mariette dit lui avoir été donné par Girardon, le groupe d'Enée portant Anchise et tenant par la main le jeune Ascagne. Les deux sont aujourd'hui placés dans le jardin des Tuileries.

245. FAUNE PORTANT UN CHEVREAU.

Copie d'une antique qui, trouvée à Rome, près de l'Église neuve, a appartenu à Christine, reine de Suède, et est aujourd'hui au Musée de Madrid. On lit au bas du tronc d'arbre : LE . PAUTRE.FCIT . ANNO.AET . SUAE . 19. 1685 (2). — Statue de marbre : hauteur, 1,700.

PIERRE LEGROS, *né à Paris le 12 avril 1666, mort à Rome le 3 mai 1719.*

Élève de son père, qui était né à Chartres en 1628, et qui fut reçu à l'Académie le 15 septembre 1663, il fut envoyé à Rome comme pensionnaire du roi et s'y distingua très-promptement par des travaux importants qu'il exécuta pour les Jésuites. Chargé de faire des copies d'après l'antique pour Versailles, il revint en France et exécuta quelques sculptures dans les résidences royales; mais c'est en Italie, où il retourna bientôt, que sont toutes les œuvres qui témoignent de la fécondité de son talent.

Il n'a point fait partie de l'Académie. A Versailles, on peut voir de lui : dans la chapelle, les sculptures du maître-autel; dans le palais, des déco-

---

(1) A. JAL. *Dictionnaire*, p. 774.
(2) Voir MARIETTE. *Abecedario*, t. III, p. 191, et A. JAL. *Dictionnaire*, p. 774.

rations pour le salon de l'Œil-de-Bœuf; dans le parc, deux groupe d'animaux fondus par les Keller, en 1689; une copie en marbre de l'Ariane du Vatican, un Mercure.

245 bis. LA GÉOMÉTRIE.

Sous les traits d'une jeune fille qui, à l'aide d'un compas, trace des figures sur une tablette que supporte sa main gauche. — Buste, avec bras, de marbre : hauteur, 0,700.

Pierre Legros.

246. LA CHARITÉ.

Elle presse d'une main son sein gauche que laisse voir la robe entr'ouverte ; un voile couvre la tête. — Buste, avec bras, de marbre : hauteur, 0,720.

Pierre Legros.

246 A. L'HIVER.

C'est un vieillard enveloppé dans les plis d'une étoffe que double une fourrure. Les deux bras sont rassemblés sur la poitrine. — Terme de marbre : hauteur, 2,650.

Pierre Legros.

246 B. LE PRINTEMPS.

Jeune femme couronnée de roses et portant une corbeille de fleurs — Terme de marbre : hauteur, 2,650.

Pierre Legros.

246 C. L'ÉTÉ.

Jeune femme couronnée d'épis et soutenant une gerbe. La faucille que porte la main droite a été brisée. — Terme de marbre : hauteur, 2,650.

Pierre Legros (?).

246 D. L'Automne.

Homme jeune, couronné de pampres ; sa main gauche presse une grappe et la droite portait une coupe qui a été brisée. — Terme de marbre : hauteur, 2,650.

<small>Ces quatre termes ont été retirés du jardin réservé de Saint-Cloud en février 1872.</small>

Jacques **PROU**, *né à Paris en 1655, mort le 6 mars 1706.*

247. La Peinture et la Sculpture se consultent réciproquement sur un portrait du roi Louis XIV.

La Sculpture, assise, tient en ses mains un médaillon à l'effigie du roi ; la Peinture est debout et cache en partie un tableau qui est posé en arrière. — Bas-relief de marbre : hauteur, 0,920 ; largeur, 0,700.

<small>C'est sur cette sculpture que Jacques Prou fut reçu à l'Académie, le 27 juin 1682.</small>

Jean **ROUSSELET**, *né à Paris en 1656, mort le 13 juin 1693.*

248. L'Histoire écrivant la vie de Louis XIV.

Assise, couronnée de lauriers, l'Histoire appuie le bras droit sur un piédestal qui porte le buste de Louis XIV ; elle tient une plume ; un livre est ouvert sur ses genoux et elle se tourne, comme pour s'inspirer, vers une muse qui, debout et jouant de la lyre, a près d'elle des instruments et un livre de musique. — Bas-relief de marbre : hauteur, 0,900 ; largeur, 0,720.

<small>C'est sur cette sculpture que J. Rousselet fut reçu à l'Académie le 28 juin 1686.</small>

JEAN HARDY, *né à Nancy, reçu à l'Académie le 26 juin 1688.*

249. LA RELIGION TERRASSANT L'IDOLATRIE.

La Religion, assise, drapée et la tête couverte d'un voile, tenant une croix de la main gauche et de la droite des flammes, foule du pied gauche un homme vu de dos et nu qui est renversé sur un animal monstrueux et étreint un serpent et des livres. Près de la Religion voltige un génie qui tient en ses mains le livre des Évangiles. — Bas-relief de marbre : hauteur, 0,810 ; largeur, 0,760.

C'est le morceau de réception à l'Académie de Jean Hardy.

Son portrait, peint par Le Gros, a été gravé par Charles Dupuis (1).

SIMON HURTRELLE, *né à Béthune, en 1648, fut reçu à l'Académie le 31 mars 1690. Il est mort à Gennevilliers, près Paris, le 11 mars 1724.*

Il a travaillé pour Versailles : on a de lui, dans le parc, un Faune copié de l'antique, et un terme représentant Théophraste ; à l'extérieur de la chapelle, une statue de St-Grégoire de Naziance ; à Paris, deux Pères de l'Eglise faits pour les Invalides, et deux tombeaux en collaboration avec Mazeline : l'un du chancelier Michel Letellier, dans l'église St-Gervais ; l'autre du duc de Créquy, a été placé à St-Roch.

249 bis. LA VIERGE AU PIED DE LA CROIX.

« Le Sauveur est étendu par terre et a la tête appuyée sur les genoux de sa mère ; ... un Ange la soutient... deux autres, à côté, sous la figure de jeunes enfants ; l'un tient une couronne d'épines (2). » — Groupe de bronze : hauteur, 0,540.

Morceau de réception à l'Académie. Il est placé au 1er étage du Louvre, salle des bronzes.

(1) Chalcographie du Louvre, 1878 du Catalogue.
(2) GUÉRIN. *Description de l'Académie royale*, p. 118.

NICOLAS **COUSTOU** (1), *né à Lyon le 9 janvier 1658, mort à Paris le 1er mai 1733.*

Fils d'un sculpteur en bois, neveu et élève de Coyzevox, il fut pensionnaire du roi à Rome, où il resta trois ans; il en rapporta une copie de l'Hercule Commode, qui est encore aujourd'hui dans les jardins de Versailles, et il fut employé aux grands travaux que Louis XIV faisait exécuter dans les résidences royales et à l'Hôtel des Invalides. Le groupe représentant la jonction de la Seine et de la Marne, qu'il fit pour Marly, a été transporté dans le jardin des Tuileries, où ont été jusqu'à cette année sa statue de Jules César, Adonis au repos ; où sont encore deux statues de Nymphes groupées avec un enfant. Il a fait pour Lyon la figure en bronze de la Saône, qui décora le piédestal de la statue équestre de Louis XIV, sur la place Bellecourt, et qui a été recueillie sous le vestibule de l'hôtel de ville.

250. APOLLON MONTRE A LA FRANCE LE BUSTE DE LOUIS XIV.

« Le buste du roi est sur un piédestal et à côté le dieu
« de la médecine qui a le pied sur un dragon et qui couvre
« le buste de son manteau, comme pour le défendre de
« la malignité de plusieurs spectres, symboles des
« causes de maladie. La France, tranquille près du
« roi, en témoigne sa joie, et, à la vue de celui qui lui
« a conservé son prince, lui en rend des actions de
« grâces (2). »—Bas-relief de marbre : hauteur, 0,810 ; largeur, 0,750.

C'est sur cette sculpture que Nicolas Coustou fut reçu à l'Académie, le 29 août 1693 (3).

Nicolas Coustou.

250 *bis.* ADONIS SE REPOSANT DE LA CHASSE.

Nu, une légère draperie cachant quelques parties du corps ; il est assis sur un tronc d'arbre, tenant encore son épieu dans la main gauche; son chien est attaché à

---

(1) COUSIN DE CONTAMINE, Grenoble, 1737, *Éloge historique de M. Coustou l'aîné.*
Abbé de Fontenay, *Dictionnaire des Artistes*, 1776, cité dans les *Archives de l'Art français*, t. III, p. 138.
(2) DARGENVILLE, *Vies des fameux sculpteurs*, 1787, t. II, p. 278.
(3) *Description de l'Académie royale des arts de peinture et de sculpture*, par GUÉRIN, secrétaire perpétuel de ladite Académie, 1715.

la branche sur laquelle est posée la main du jeune chasseur. Sur l'arrière de la base on lit : NICOLAUS COUSTOU . LUGD (UNENSIS) FECIT . 1710. — Statue de marbre : hauteur, 1,860.

<small>Placée, dans l'origine, à Marly, elle en fut bientôt retirée pour être portée dans le jardin des Tuileries, lorsque le roi Louis XV vint habiter Paris. Elle est entrée au Musée le 28 septembre 1870.</small>

Nicolas Coustou.

250 *ter*. JULES CÉSAR.

Debout, couronné de lauriers, armé et drapé, il a dans la main droite un bâton qui accentue le geste de commandement, d'accord avec l'expression du visage. La main gauche s'appuie sur un bouclier. — Statue de marbre : hauteur, 2,400.

<small>Elle a été retirée du jardin des Tuileries et est entrée au Musée le 5 juin 1872.</small>

Nicolas Coustou (1).

251. LOUIS XV, *roi de France*.

Il est debout, la main droite soutenue par un sceptre dont une des extrémités est appuyée sur la hanche ; il porte en la main gauche un bâton fleurdelisé ; la chevelure est bouclée ; un grand manteau flottant laisse voir le costume presque romain du jeune roi, que le sculpteur a voulu assimiler au maître des dieux, en plaçant à ses pieds un aigle qui le regarde et presse la foudre dans l'une de ses griffes. On lit sur la base : N. COUSTOU FECIT, ANNO 1731. — Statue de marbre : hauteur, 2,000.

<small>Cette statue et celle de Marie Leczinska (qui sera décrite plus loin, sous le n° 255), provenant des jardins de Petit-Bourg, furent placées en 1736 dans un des bosquets du parc de Versailles, arrangé par Gabriel pour le jeune Dauphin, fils de Louis XV (2). Ce bosquet ayant été</small>

<small>(1) DARGENVILLE, *Vies des plus fameux sculpteurs*, 1787, t. II, p. 288.</small>
<small>(2) PIGANIOL DE LA FORCE, *Nouvelle description de Versailles et de Marly*, 7ᵉ édition, 1738.</small>

supprimé quelques années après, les deux statues furent transportées dans le jardin de Trianon d'où elles furent retirées sous le règne de Louis-Philippe, pour être réunies aux figures historiques du Musée de Versailles (1). Elles ont été apportées au Louvre en 1850.

JEAN-LOUIS **LEMOYNE**, *né à Paris en 1665, mort le 4 mai 1755. Il fut reçu à l'Académie le 30 juin 1703.*

252. MANSART, *surintendant des bâtiments, arts et manufactures, mort en 1708.*

Il est représenté dans le costume de son temps. On lit au-dessous du marbre l'inscription qui suit : ARDOUIN MANSART COM. SAC. REG. ÆD. PR. 1703. — Buste de marbre : hauteur, 1,100.

C'est sur cet ouvrage que Jean-Louis Lemoyne fut reçu à l'Académie (2).
Musée des monuments français, n° 440.

GUILLAUME **COUSTOU**, *né à Lyon le 25 avril 1677, mort à Paris le 20 février 1746.*

Il fut, ainsi qu'avait été son frère, Nicolas Coustou, élève de Coyzevox, pensionnaire du roi à Rome et académicien. Il exécuta pour Marly les statues d'Apollon et de Daphné et celle d'Hippomène, que l'on voit aujourd'hui dans le jardin des Tuileries. Pour la même résidence, il fit un groupe en marbre représentant l'Océan et la Méditerranée ; pour Lyon la figure en bronze du Rhône, que l'on admire, sous le vestibule de l'hôtel de ville, en face de la Saône, exécutée par son frère. Les chevaux célèbres qui sont à l'entrée de nos Champs-Elysées et qu'on désigne sous le nom de chevaux de Marly, parce qu'ils furent faits pour orner l'abreuvoir de cette résidence, furent les derniers ouvrages de Guillaume Coustou.

Son portrait, peint par J. de Lien, a été gravé par N. de Larmessin (3).

---

(1) *Notice historique des sculptures*, 1839.
(2) GUÉRIN, *Description de l'Académie royale des arts de peinture et de sculpture.*
(3) Chalcographie du Louvre, 1877 du Catalogue.

253. LA MORT D'HERCULE.

Le dieu est nu, assis sur un bûcher que les flammes entourent, le visage levé vers le ciel ; son bras droit est replié pour arracher du corps la tunique qui y semble attachée ; le bras gauche est raidi par la douleur ; on voit en arrière la massue d'Hercule. — Statuette de marbre : hauteur, 0,890.

<small>C'est sur cette sculpture que Guillaume Coustou fut reçu à l'Académie, le 26 octobre 1704.</small>

Guillaume Coustou.

255. MARIE LECZINSKA, *mariée au roi Louis XV le 5 septembre* 1725.

Debout, cachée un peu plus qu'à demi par des draperies flottantes, elle appuie la main gauche sur un écusson fleurdelisé, soutenu par des nuages portant un petit génie qui présente à la reine une couronne et un sceptre ; elle touche la couronne de la main droite, mais le visage est tourné et le regard distrait. L'oiseau de Junon, posé derrière la reine, indique aux mortels la femme de Jupiter. La date de l'exécution, MDCCXXXI, est gravée sur la base, et aussi l'inscription : G. COVSTOV. F. A^{NO} 1731. — Statue de marbre : hauteur, 2,000.

<small>La provenance et les différentes places que cette statue a successivement occupées sont indiquées à la suite de la description d'une statue du roi Louis XV, n° 251, dont elle était le pendant.</small>

Guillaume Coustou.

256. PERSONNAGE INCONNU.

Le costume est celui d'un ecclésiastique ; les cheveux, assez longs, sont en partie cachés par une calotte. En arrière du piédouche on lit : COUSTOU 1733. — Buste de terre cuite : hauteur, 0,490.

ANSELME **FLAMEN**, *né à Paris le* 13 *septembre* 1680 (1), *mort le* 9 *juillet* 1730.

Il était fils d'un sculpteur de même prénom, qui fut élève de Gaspard Marsy, et qui fut reçu à l'Académie le 26 avril 1681.

257. PLUTUS, DIEU DES RICHESSES.

Nu, assis, le visage exprimant l'ennui, la main gauche jouant avec la barbe qui est longue, la droite étant appuyée sur une corne d'où s'échappent de l'or et des pierreries auxquels sont mêlés une couronne et un sceptre. — Statuette de marbre : hauteur, 0,650.

C'est sur cette sculpture que Flamen fut reçu à l'Académie, le 27 octobre 1708.

AUGUSTIN **CAYOT**, *né à Paris en* 1667, *mort le* 6 *avril* 1722.

Il fut élève de Lehongre et pensionnaire du roi à Rome, puis travailla pendant longtemps sous les ordres de van Clève. Il fut reçu à l'Académie le 31 décembre 1711.

258. LA MORT DE DIDON.

Elle est agenouillée sur un coussin qui est posé sur un bûcher ; le haut du corps est nu. Elle est représentée regardant le ciel et se perçant le sein d'une arme dont elle tient le fourreau en sa main gauche. — Statuette de marbre : hauteur, 0,890.

Morceau de réception à l'Académie.

FRANÇOIS **COUDRAY**, *né à Villacerf (Champagne) en* 1678, *mort à Dresde le* 29 *avril* 1729.

Il fut élève de Coyzevox, académicien et premier sculpteur d'Auguste II, électeur de Saxe.

(1) A. JAL, *Dictionnaire*, 581.

259. Saint Sébastien.

Il est représenté nu, debout, appuyé contre un arbre dont une des branches est engagée sous l'aisselle gauche et soutient le corps qui s'affaisse ; la main droite, relevée, est attachée par des cordes au tronc de l'arbre. La blessure faite par une flèche est indiquée près des côtes. — Statuette de marbre : hauteur, 0,890.

C'est sur cette sculpture que Coudray fut reçu à l'Académie, le 30 avril 1712.

François DUMONT, *né à Paris en 1688, mort à Lille le 14 décembre 1726.*

En posant l'un de ses ouvrages, il tomba de dessus un échafaud et se tua. Mariette, qui parle de lui avec éloge, cite deux figures en pierre de saint Joseph et de saint Jean-Baptiste, qu'il fit pour le portail de Saint-Sulpice ; il était élève de son père.

260. Titan foudroyé.

Il est nu, renversé sur des rochers, frappé au flanc gauche ; la crispation des membres et tous les traits du visage expriment la douleur et la rage. — Statuette de marbre : hauteur, 0,860.

C'est sur cette sculpture que François Dumont fut reçu à l'Académie, le 24 septembre 1712.

Jacques BOUSSEAU, *né en 1681 à Chavaignes en Poitou, mort en Espagne le 13 février 1740.*

Élève de Nicolas Coustou, il fut reçu à l'Académie le 29 novembre 1715. Il a fait en France des travaux que les biographes disent avoir été nombreux. Mariette cite deux statues de marbre et un bas-relief dans la chapelle de Noailles, à Notre-Dame ; dans l'église de la Madeleine de Tresnel, le tombeau de M. d'Argenson, garde des sceaux. En 1737, sur la proposition du sculpteur Frémin, il fut appelé en Espagne par le roi Philippe V, et y termina ses jours.

261. ULYSSE TENDANT SON ARC.

Il est nu, debout, et fait un violent effort; un casque est posé à ses pieds; en arrière, un bouclier et une épée. — Statuette de marbre : hauteur, 0,860.

<small>Morceau de réception à l'Académie.</small>

JEAN THIERRY, *né à Lyon en* 1669, *mort le* 21 *décembre* 1739.

Fils d'un sculpteur, il fut élève de Coyzevox et travailla dans les résidences royales. En 1721, il partit pour l'Espagne avec Fremin, ayant été demandé par le roi Philippe V, et a fait des figures en marbre, des vases et des fontaines pour le palais et les jardins de Saint-Ildephonse.

Son portrait, peint par Largillière, a été gravé par Thomassin (1).

262. LÉDA.

Presque nue, assise sur un rocher, elle joue avec un cygne dont l'approche et la vivacité semblent l'étonner et lui plaire. — Statuette de marbre : hauteur, 0,810.

<small>C'est sur cette sculpture que J. Thierry fut reçu à l'Académie, le 31 décembre 1717.</small>

LAMBERT-SIGISBERT ADAM, *né à Nancy le* 10 *février* 1700, *mort à Paris le* 13 *mai* 1759.

Fils d'un sculpteur lorrain, il vint jeune à Paris et fut envoyé à Rome comme pensionnaire du roi. Il passa dix ans en Italie, où il a laissé des ouvrages assez nombreux, et l'on sait qu'il y restaura, pour le cardinal de Polignac, une suite de figures antiques qui avaient été récemment découvertes et qui sont désignées sous le nom de la famille de Lycomède. Ses travaux, au retour, furent d'une tout autre nature : son groupe de la Seine et de la Marne, qui couronne la cascade de Saint-Cloud, celui de Neptune et Amphitrite, pour le bassin de Neptune, à Versailles, peuvent donner une idée de ceux qu'il exécuta pour le duc d'Antin, à Choisy, et des groupes de la Chasse et de la Pêche, pour Berlin, que ses contemporains ont beaucoup admirés. Il fut reçu à l'Académie le 27 mai 1737.

(1) Chalcographie du Louvre, 1981 du Catalogue.

263. Neptune calmant les flots.

Le dieu est représenté nu, debout, dans une pose animée, soutenant des deux mains un trident et porté sur une coquille que remplissent les replis de la queue d'un triton qui, renversé près des pieds de Neptune, lui présente une branche de corail. — Groupe de marbre : hauteur, 0,860.

C'est le morceau de réception, à l'Académie, de Lambert-Sigisbert Adam.

Jean Joseph **VINACHE**, *né en 1696, mort le 1er décembre 1754.*

Il a exposé, de 1738 à 1747, des modèles en terre cuite, et fut reçu à l'Académie le 27 mai 1741.

264. Hercule enchaîné par l'Amour.

Hercule est nu, assis et tient en sa main droite le flambeau de l'Amour qui entoure d'un cordon le poignet droit du dieu. La massue et la peau de lion sont déposées près des jambes d'Hercule ; l'arc et le carquois de l'Amour sont posés en arrière et attachés au rocher par une guirlande de fleurs. — Groupe de marbre : hauteur, 0,750.

C'est sur cette sculpture que Vinache fut reçu à l'Académie.

INCONNU.

265. Hercule enchainant Cerbère.

Le dieu est nu, assis sur un rocher ; il tient en la main droite une corde à laquelle est attaché le chien à trois têtes. — Bas-relief de marbre, de forme ovale : hauteur, 0,970 ; largeur, 0,660.

Inconnu.

266. OMPHALE.

Elle est nue, debout, marchant; elle porte la massue d'Hercule et a sur ses épaules la peau du lion de Némée. — Bas-relief de marbre : hauteur, 0,940; largeur, 0,610.

FRANÇOIS **LADATTE** (1), *né à Turin le 9 décembre 1706, mort à Paris le 18 février 1787.*

A l'âge de quatorze ans, il vint à Paris perfectionner des études commencées dans son pays, puis il se rendit à Rome et travailla pendant plusieurs années à l'Académie de France. Sa carrière d'artiste fut partagée entre sa ville natale, où il retourna en 1744, et le pays qui l'avait adopté; car, en 1741, il avait été reçu à l'Académie.

267. JUDITH.

Elle est représentée debout, les regards élevés vers le ciel, la main droite appuyée sur le pommeau d'une longue épée, et la gauche posée sur la tête d'Holopherne, qui est portée par un trépied. Le costume est théâtral. On lit sur le socle : F. LADATTE FECIT.1741. — Statuette de marbre : hauteur, 0,890.

C'est sur cette sculpture que F. Ladatte fut reçu à l'Académie, le 27 mai 1741.

GUILLAUME **COUSTOU**, *fils du sculpteur des mêmes noms, et neveu de Nicolas Coustou, né à Paris le 19 mars 1716, mort dans la même ville le 13 juillet 1777, fut pensionnaire du roi à Rome, académicien en 1742, garde des sculptures du Louvre.*

---

(1) L. DUSSIEUX, E. SOULIÉ, PH. DE CHENNEVIÈRES, etc., *Mémoires inédits sur la vie et les ouvrages des membres de l'Académie royale de peinture et de sculpture,* t. II, p. 449.

268. VULCAIN.

Il est nu, assis et entouré d'armures. — Statuette de marbre : hauteur, 0,750.

<small>C'est sur cette sculpture que G. Coustou fut reçu à l'Académie, le 28 juillet 1742.</small>

SÉBASTIEN **SLODTZ**, *né à Anvers en 1655, mort à Paris le 8 mai 1726. Élève de Girardon.*

268 bis. ANNIBAL.

Il est debout, armé, victorieux, ayant à ses pieds, dans un vase, les anneaux des chevaliers romains tués à la bataille de Cannes. — Statue de marbre : hauteur, 2,500.
Sur la plinthe on lit : SEB. SLODTZ. FECIT. 1720.

<small>L'on sait que la statue avait été ébauchée en 1687, elle a été retirée du jardin des Tuileries en 1872.
A Versailles est un groupe de marbre par S. Slodtz natif d'Anvers (*sic*); représentant Aristée et Protée.</small>

PAUL-AMBROISE **SLODTZ**, *né à Paris le 2 juillet 1702, mort le 15 décembre 1758.*

<small>Fils de Sébastien Slodtz, il fit seul ou conjointement avec ses frères Sébastien-René et René-Michel, plus connu sous le nom de Michel-Ange Slodtz, des travaux de décoration dans des églises, qui ont été en grande partie détruits. Il fut reçu à l'Académie le 29 novembre 1743.
L'œuvre la plus considérable que Michel-Ange Slodtz ait faite à Paris est le tombeau du curé Languet de Gergy, dans l'église de Saint-Sulpice, où il existe encore aujourd'hui.</small>

269. LA CHUTE D'ICARE DANS LA MER.

Il est nu, représenté mort, renversé sur un rocher qui est battu par des vagues ; des ailes, détachées de son corps, sont posées près de lui. — Statuette de marbre : hauteur, 0,700.

<small>C'est sur cette sculpture que P.-A. Slodtz fut reçu à l'Académie.</small>

JEAN-BAPTISTE PIGALLE (1), *né à Paris le 26 janvier 1714, mort le 21 août 1785.*

Élève de le Lorrain et plus tard de Lemoyne, il alla à Rome sans avoir gagné le prix, et lorsqu'il en revint, en passant par Lyon, où il s'arrêta quelque temps, il rapportait la première pensée du Mercure, qui le fit d'abord agréer à l'Académie, puis recevoir le 30 juillet 1754. L'Enfant à la cage, qu'il fit pour M. Paris de Montmartel, fut un de ses premiers travaux, et a été l'un des plus célèbres; les derniers moments de sa vie furent occupés à faire un pendant à cette agréable figure. Un groupe de l'Amour et de l'Amitié, le portrait en pied de Mme la marquise de Pompadour, la statue de Voltaire, ont été parmi ses œuvres les plus admirées des hommes de son temps. Il fit pour la ville de Reims un monument en l'honneur de Louis XV. Le tombeau du comte d'Harcourt, dans l'église Notre-Dame de Paris, consolida sa réputation, qu'avait fondée, vers le milieu de sa carrière, l'exécution brillante du tombeau du maréchal de Saxe, qu'il vit à regret porter dans une église de Strasbourg.

270. MERCURE ATTACHANT SES TALONNIÈRES.

Nu, assis sur des nuages, ayant près de lui le caducée, il attache une talonnière à son pied gauche, et semble prêt à partir; la tête est coiffée d'un chapeau que des ailes accompagnent sur les côtés. — Statuette de marbre: hauteur, 0,580.

C'est sur cette sculpture que Pigalle fut d'abord agréé, puis reçu à l'Académie. Il exposa en 1742 le modèle en plâtre; en 1745, la tête en plâtre du Mercure qu'il avait exécuté en marbre de 7 pieds de proportion, pour le roi; et le livret de 1748 contient la note qui suit :
« L'on verra, dans son atelier, cour du vieux Louvre, les deux figures « de marbre de 7 pieds de proportion : l'une représente Mercure et « l'autre Vénus, destinées pour le roi de Prusse. »

Pigalle.

270 bis. MERCURE ATTACHANT SES TALONNIÈRES.

Statue de plomb : hauteur, 1,900.

Sur la base et en arrière, sont gravés les mots PIGALLE et la date 1763.

Il a été longtemps placé dans le jardin du Luxembourg et a été rentré au musée le 10 février 1872.

---

(1) P. TARBÉ. *La vie et les œuvres de Jean-Baptiste Pigalle.* Paris, 1859.

Pigalle.

271. MAURICE, COMTE DE SAXE, *maréchal de France, mort en* 1750.

La chevelure est bouclée; une écharpe flottante recouvre en partie la cuirasse, sur laquelle on remarque les armoiries du maréchal. — Buste de marbre : hauteur, 0,800.

<small>Musée des monuments français, n° 395.

L'on peut voir à Saint-Eustache, une statue de marbre de la Vierge portant l'enfant Jésus, qui avait été placée aux Invalides; dans la bibliothèque de l'Institut, la statue nue de Voltaire; dans le parc de Bagatelle, au bois de Boulogne, la statue de madame de Pompadour dont un plâtre est au musée de Versailles; à Juilly, dans la chapelle du collège, le tombeau du cardinal de Bérulle.</small>

EDME **BOUCHARDON**, *né le 29 mai 1698 à Chaumont en Bassigni, mort le 27 juillet 1762.*

<small>Son portrait, peint par Drouais, a été gravé par Beauvarlet (1).

Ses premières études furent dirigées vers la peinture et il en conserva un goût très-décidé et une grande habileté pour le dessin. Il quitta sa ville natale, où son père était architecte et sculpteur, pour entrer à l'école de Guillaume Coustou, et ne tarda pas à être envoyé à Rome comme pensionnaire du roi ; il en revint en 1732, et le 27 février 1745 il fut nommé académicien. La fontaine monumentale de la rue de Grenelle et la statue équestre de Louis XV, sur la place qui portait alors le nom de ce prince, ont été les deux ouvrages les plus considérables de Bouchardon et ceux qui ont fait sa réputation. La fontaine existe; la statue du roi, détruite à la fin du dernier siècle, nous est connue par la gravure et par un modèle qui nous est resté. Bouchardon ne put terminer les figures du piédestal et demanda, peu de jours avant sa mort, que Pigalle achevât ce qui manquait. Il était instruit, aimait l'érudition et les érudits; il fut l'ami du comte de Caylus, qui a écrit sa vie. Il était, en 1738, dessinateur de l'Académie des Inscriptions (2).</small>

272. L'AMOUR SE FAISANT UN ARC DE LA MASSUE D'HERCULE, AVEC LES ARMES DE MARS.

« Fier de sa puissance et s'applaudissant d'avoir dé-
« sarmé deux divinités si redoutables, le fils de Vénus

<small>(1) Chalcographie du Louvre, 1847 du Catalogue.

(2) Une notice sur son frère, J. Philippe Bouchardon, qui travailla à Stockholm, existe dans les archives du musée : c'est une lettre de M. de Dardel, surintendant, 26 septembre 1864.</small>

« témoigne par un ris malin la satisfaction qu'il ressent
« de tout le mal qu'il va causer. » — Statue de marbre : hauteur, 1,670.

C'est sous cette désignation que Bouchardon exposa en 1739 un premier modèle en terre cuite, et un second en 1746; la statue en marbre, commencée au mois de juillet 1747, fut terminée le 12 mai 1750. Elle fut d'abord placée à Versailles, puis dans l'orangerie de Choisy. Une répétition est encore aujourd'hui dans les jardins de Trianon.

C'est sur cette sculpture que Bouchardon fut reçu à l'Académie.

Edme Bouchardon.

273. Jésus-Christ portant sa croix.

Il est nu et debout, appuyé contre une colonne; la tête est penchée sur la croix, que les deux bras entourent et soutiennent. — Statuette de marbre : hauteur, 0,860.

Charles-François HUTIN (1), *né le 4 juillet 1715, mort à Dresde le 29 juillet 1776.*

274. Caron.

Nu, debout, ayant le pied droit dans la barque, où l'on voit quelques oboles, et le gauche à terre, il tient des deux mains un aviron. — Statuette de marbre : hauteur, 0,750.

Morceau de réception.

En 1746, Hutin étant agréé de l'Académie exposa une figure en plâtre représentant Caron, de 2 pieds de proportion. Il fut reçu le 25 novembre 1747.

Louis-Claude VASSÉ, *né en 1716, mort le 1er décembre 1772.*

Il fut élève de Bouchardon et lui succéda dans la place de dessinateur de l'Académie des belles-lettres.

(1) L. Dussieux, *les Artistes français à l'étranger.*

275. UN BERGER ENDORMI.

Il est nu, assis sur un rocher; la tête est posée sur un long bâton que la main droite appuie contre la poitrine. — Statuette de marbre : hauteur, 0,810.

C'est sur cette sculpture que L.-C. Vassé fut reçu à l'Académie, le 28 août 1751.

GABRIEL-CHRISTOPHE ALLEGRAIN, *né à Paris le 8 octobre 1710, mort le 17 avril 1795.*

Il était beau-frère de Pigalle et fut reçu à l'Académie, sur une figure de Narcisse, le 31 décembre 1751. Ses ouvrages furent très-aimés de ses contemporains, et Mme du Barry le fit beaucoup travailler pour ses jardins de Luciennes.

Son portrait, peint par Duplessis, a été gravé par Klauber (1).

276. UNE BAIGNEUSE.

Elle est nue, debout, le corps un peu penché, la jambe gauche repliée, et le pied posé sur une roche; elle s'essuie avec un linge dont les plis retombent en arrière. On lit sur le socle : G. C. ALLEGRAIN.FECIT.1767. — Statue de marbre : hauteur, 1,600.

Allegrain.

277. DIANE SURPRISE AU BAIN PAR ACTÉON.

Elle est nue, le front orné d'un croissant, debout, le haut du corps incliné, la main droite appuyée sur un tronc d'arbre qui supporte une draperie, et la gauche ramenée vers un des seins, qu'elle cache au moyen d'un linge. On lit sur le socle : FECIT.C.G.ALLEGRAIN. M.DCCLXXVIII PARISIENSIS. — Statue de marbre : hauteur, 1,600.

---

(1) Chalcographie du Louvre, 1836 du Catalogue.

ETIENNE-MAURICE **FALCONET**, *né à Paris le 1er décembre 1716, mort dans la même ville le 24 janvier 1791. Élève de Lemoyne, il fut agréé à l'Académie en 1745 et académicien en 1754.*

Sa réputation s'établit par des œuvres gracieuses dont la plus célèbre fut assurément la Baigneuse, mais il aborda des sujets plus graves et a exécuté des sculptures religieuses pour l'église Saint-Roch et celle des Invalides. C'est à Pétersbourg et pour Catherine II, qui le retint douze ans en Russie, qu'il a fait le plus considérable de ses travaux, la statue équestre et en bronze du czar Pierre Ier. Il aimait les lettres et a écrit sur les arts (1).

278. MILON DE CROTONE DÉVORÉ PAR UN LION.

Il est nu, renversé sur un sol formé de rochers, la main droite engagée dans le tronc d'un arbre; le visage exprime le désespoir, la bouche crie et les yeux sont fixés sur le lion, qui mord et déchire de sa griffe la cuisse droite de l'athlète. — Statuette de marbre : hauteur, 0,700.

C'est sur cette sculpture que Falconet fut reçu à l'Académie, le 31 août 1754.

Falconet.

279. UNE NYMPHE QUI DESCEND AU BAIN.

Elle est nue, debout, le pied gauche avancé, et semble hésiter à entrer dans l'eau. — Statuette de marbre : hauteur, 0,700.

Falconet exposa en 1757, sous le titre ci-dessus, la petite statue appartenant alors à M. Thiroux d'Epersenne, qui a été reproduite à l'infini et qui est connue sous le nom de la Baigneuse.

(1) *Œuvres d'Étienne Falconet*, statuaire, 1781.

NICOLAS-FRANÇOIS **GILLET**, *né en 1709, mort le 7 février 1791.*

280. LE BERGER PARIS.

Il est nu et coiffé du bonnet phrygien, debout, appuyé contre un tronc d'arbre ; il tient en main la pomme de beauté. — Statuette de marbre : hauteur, 0,850.

C'est sur cette sculpture que N.-F. Gillet fut reçu à l'Académie, le 30 avril 1757.

JEAN-JACQUES **CAFFIERI**, *né à Paris le 29 avril 1725, mort le 21 juin 1792. Fils et petit-fils de sculpteurs, il fut élève de Lemoyne et académicien le 28 avril 1759.*

Bien qu'il ait fait une statue de sainte Sylvie pour les Invalides, c'est dans nos théâtres que se voient ses principaux ouvrages : les foyers de l'Opéra et du Théâtre Français comptent parmi leurs meilleurs bustes ceux qu'a faits Caffieri. Son groupe de Melpomène et de Thalie, a été détruit dans l'incendie de l'Odéon.
Monsieur A. Jal a réuni des détails curieux sur les bustes du Théâtre Français, dans son Dictionnaire critique de biographie et d'histoire, p. 304.

281. UN FLEUVE.

Il est nu, assis sur une urne d'où s'écoulent des eaux, la main gauche appuyée sur un aviron ; la barbe est longue et la chevelure ornée de roseaux. On lit sur le socle : PAR Mr CAFFIERI.1759. — Statuette de marbre : hauteur, 0,660.

Morceau de réception à l'Académie.

Caffieri (d'après).

282. NICOLAS-CLAUDE FABRI, *seigneur de* PEYRESC, *conseiller au parlement de Provence, mort en* 1637.

Un bonnet couvre la tête, un col est rabattu sur la robe du magistrat. Le nom de PEYRESC est gravé sur le piédouche, en marbre noir. — Buste de marbre : hauteur, 0,680.

<small>Le buste original, en terre cuite, est à la bibliothèque Mazarine. Le marbre a été exécuté par Guillaume Francin, et a fait partie du Musée des monuments français, n° 273.</small>

AUGUSTIN **PAJOU**, *né à Paris le 19 septembre 1730, mort le 8 mai 1809.*

<small>Élève de Jean-Baptiste Lemoyne, il fut, à l'âge de dix-huit ans, pensionnaire du roi à Rome, où il resta douze ans. Académicien en 1760, il était, en 1781, garde de la salle des Antiques. Un groupe de Pluton qui tient Cerbère enchaîné, qui fut son morceau de réception, et des travaux de décoration dans les résidences royales, établirent sa réputation, et lorsque le roi Louis XVI fit commander aux artistes une suite de statues des hommes illustres de la France, Pajou eut à faire celles de Pascal, de Descartes, de Turenne, de Bossuet et de Buffon. En 1779, il exposa au Louvre sa figure de Bossuet, que l'on voit aujourd'hui dans la salle des séances de l'Institut, dont il fut membre dès la formation.</small>

282 bis. PLUTON TENANT CERBÈRE ENCHAINÉ A SES PIEDS.

Le dieu est nu, assis sur un rocher, la tête couronnée. — Statuette de marbre : hauteur, 0,720.

Sur le rocher sont gravés les mots : PAJOU.F. et la date 1760.

<small>Morceau de réception à l'Académie.</small>

Pajou.

283. BUFFON.

Les cheveux sont courts et frisés ; l'habit est ouvert, et la chemise, garnie d'un jabot, laisse voir la poitrine. Derrière le marbre sont gravés les mots qui suivent : Mʳ. LE COMTE DE BUFFON DE L'ACAD. FRANÇOISE ET DE L'ACAD. DES SCIENCES. INTENDANT DU JARDIN ROYAL DES PLANTES. PAR PAJOU SCUL. DU ROY ET PROFESSEUR DE SON ACAD. DE PEINT. ET DE SCULP. 1773. — Buste de marbre : hauteur, 0,740.

<small>Musée des monuments français, n° 408.</small>

Pajou.

284. MADAME DU BARRY.

La coiffure est à racines droites avec des boucles retombantes ; la draperie laisse à découvert les épaules. On lit au-dessous du marbre : PORTRAIT DE MADAME LA COMTESSE DUBARY PAR PAJOU. SCUL. DU ROY ET PROFESSEUR DE SON ACAD. DE PEIN. ET SCUL. 1773. — Buste de marbre : hauteur, 0,700.

Pajou.

284 bis. BACCHANTE.

Nue, assise, elle a dans sa main gauche un tambour de basque; la droite retient un enfant nu assis à son côté sur un rocher; un petit faune est debout à ses pieds. La base est circulaire; sur le rocher on lit : PAJOU, FE^T, 1774. — Groupe modèle, en plâtre : hauteur, 1,900.

Pajou.

285. BOSSUET.

Debout, tenant de la main droite le livre des Évangiles sur l'une des pages duquel est posé l'index de la main gauche. Il est vêtu de l'habit épiscopal. — Statuette de terre cuite : hauteur, 0,670. Sur la base on lit, en caractères tracés en creux (sur le devant) : JACOBVS BENIGNVS BOSSVET EPISCOPVS, né à Digon (sic) le 27. sept. 1627. Mort le 12 avril 1704 ; et sur le côté : Pajou Regis sculptor. 1779.

Elle est placée au 1er étage du Louvre, dans la salle Sauvageot.

Pajou.

286. M. LABILE, PÈRE DE MADEMOISELLE GUIARD.

On lit en-dessous : Pajou regis sculptor 1784. — Tête de marbre : hauteur, 0,460.

Pajou.

287. Psyché.

Elle est nue, assise ; ses regards sont levés vers le ciel et son visage exprime la douleur. On lit sur le socle : PSYCHÉ PERDIT L'AMOUR EN VOULANT LE CONNAITRE ; et sur le côté gauche : PAJOU SCULP. ET CITOYEN DE PARIS. 1790. — Statue de marbre : hauteur, 1,750.

NICOLAS-SÉBASTIEN ADAM, *né à Nancy le 22 mars 1705, mort à Paris le 27 mars 1778.*

Lorsqu'il eut fait ses études à Paris et à Nancy, et quelques travaux dans le midi de la France, il alla à Rome, où était son frère, et y demeura neuf ans. Il ne fut académicien que le 26 juin 1762, et il avait exposé, en 1738, le plâtre de Prométhée, dont le marbre a été son morceau de réception. Le plus important de ses travaux a été le tombeau de la reine de Pologne, femme de Stanislas, pour l'église de Bon-Secours, près Nancy, où on le voit de nos jours. Mariette désigne comme le meilleur ouvrage de N.-S. Adam, le bas-relief qu'il a exécuté dans la chapelle de Versailles, dont le sujet est le martyre de sainte Victoire.

N.-S. Adam.

288. Prométhée.

Nu, attaché par des chaînes à un rocher, les deux bras levés, les jambes tendues par un violent effort, le visage exprimant le désespoir ; un vautour lui déchire la poitrine ; une torche qui brûle est renversée vers le bas du rocher. — Statue de marbre : hauteur, 1,070.

C'est le morceau de réception, à l'Académie, de Nicolas-Sébastien Adam.

Jean-Baptiste **D'HUEZ**, *reçu à l'Académie le 30 juillet* 1763.

289. Saint André.

Le saint est posé debout, presque nu, élevant les bras vers le ciel. Deux arbres placés en arrière forment une croix qui a la forme particulière à l'instrument du martyre de saint André dont on lui a donné le nom. — Statuette de marbre : hauteur, 0,810.

C'est sur cette sculpture que D'Huez fut reçu à l'Académie.

INCONNU.

290. Louis-François-Armand du Plessis, duc de Richelieu, *mort en* 1788.

Debout et dans l'attitude du commandement, il porte le costume des chevaliers du Saint-Esprit et tient à la main son bâton de maréchal. — Statue de marbre : hauteur, 1,470.

Musée des monuments français, n° 498.

Claude-Clair **FRANCIN**, *né à Strasbourg le 5 juin 1702, mort le 18 mars 1773.*

Dargenville le cite comme étant l'auteur de deux bas-reliefs de bronze qui décoraient le piédestal de la statue de Louis XV, à Bordeaux, représentant la bataille de Fontenoy et la prise du port Mahon ; il ajoute qu'on voyait de ses ouvrages dans quelques églises de Paris.

291. Le Christ attaché a la colonne.

Jésus est nu, debout, et s'appuie des deux mains sur une colonne posée à sa droite. — Statuette de marbre : hauteur, 0,650.

C'est sur cette sculpture que Claude Francin fut reçu à l'Académie, le 31 janvier 1767.

LOUIS-PHILIPPE **MOUCHY** (1), *né à Paris le 31 mars 1734, mort le 10 décembre 1801. Élève de Pigalle, dont il épousa une nièce, il fut reçu à l'Académie le 25 juin 1768.*

292. UN BERGER.

Il est nu, assis sur un rocher, le visage tourné et exprimant l'attention ; le bras droit, replié, porte, en avant de la poitrine, un bâton recourbé ; la main gauche est appuyée sur un tronc d'arbre. — Statuette de marbre : hauteur, 0,650.

C'est le morceau de réception à l'Académie de L.-P. Mouchy.

Le musée de Versailles possède de L.-P. Mouchy une statue de marbre du maréchal de Luxembourg, faite en 1791.

EDME **DUMONT**, *né en 1720, mort le 10 novembre 1775.*

Fils de François Dumont et élève de Bouchardon, il a exposé en 1753, 1755, 1761, 1769, 1771 ; il a sculpté un fronton à la manufacture de Sèvres.

293. MILON DE CROTONE.

Nu, debout, le haut du corps penché en avant et incliné vers la droite, il fait un effort violent pour séparer les deux moitiés d'un tronc d'arbre entr'ouvert. — Statuette de marbre : hauteur, 0,810.

C'est sur cette sculpture qu'Edme Dumont fut reçu à l'Académie, le 29 octobre 1768.

ÉTIENNE-PIERRE-ADRIEN **GOIS**, *né en 1765, mort le 3 février 1823. Il fut reçu à l'Académie le 23 février 1777.*

294. CORINNE.

La chevelure est ornée de fleurs ; une draperie retombe de l'épaule gauche sur les seins. — Buste de marbre : hauteur, 0,690.

(1) A. JAL. *Dictionnaire*, p. 894.

JEAN-BAPTISTE LEMOYNE, *né à Paris le 15 février 1704, mort aux galeries du Louvre le 24 mai 1778.*

Il fut élève de son père, Jean-Louis Lemoyne, qui mourut en 1755, et il reçut des leçons de Le Lorrain (1). Il fut académicien en 1738. Ses principaux ouvrages ont été la statue équestre, en bronze, de Louis XV, pour la ville de Bordeaux ; une statue du même prince pour la province de Bretagne ; le mausolée du cardinal de Fleury ; le tombeau de Mignard, qui est aujourd'hui dans l'église Saint-Roch.

295. LA MORT D'HIPPOLYTE.

Il est renversé sur un rocher, les jambes tenant encore au char, qui est brisé ; les mains étreignent les fragments des rênes. — Statuette de marbre : hauteur, 0,810.

C'est sur cette sculpture que J.-B. Lemoyne fut reçu à l'Académie, le 26 juillet 1738.

JEAN ANTOINE HOUDON, *né à Versailles le 20 mars 1741, mort à Paris le 15 juillet 1828. Académicien, membre de l'Institut.*

Élève de Michel-Ange Slodtz (2), il alla jeune en Italie, où il a laissé, à Rome, dans l'église des Charteux, une statue de saint Bruno. Le 26 juillet 1777 il fut reçu à l'Académie, sur une figure en marbre représentant Morphée, dont il avait exposé le modèle en 1771. Depuis cette année jusqu'en 1814, qu'il exposa le buste de l'empereur Alexandre, il fit passer sous les yeux du public un nombre à peine croyable de portraits en buste de personnes illustres, dont la liste seule intéresse par la variété ; plusieurs sont d'une grande beauté. Ses œuvres les plus considérables ont été le modèle anatomique connu dans les écoles sous le nom de l'Écorché, la Diane dont le Musée possède le bronze, une statue de Voltaire, que l'on voit encore de nos jours au Théâtre-Français, la Frileuse (3) ; il a fait, en 1781, la statue du maréchal de Tourville, et en 1812 celle du général Joubert. En 1785, il se transporta en Amérique, pour les études de la statue de Washington, placée au Capitole de Richemond (Virginie).

(1) Lettre de J.-B. Lemoyne à l'abbé Le Lorrain. *Mémoires inédi l'Académie de peinture et sculpture.*
(2) Livret du salon de 1795, cité par A. JAL., *Dictionnaire*, p. 688.
(3) La Frileuse, qui appartenait à Monsieur Creuzé-Delessert, est au musée de Montpellier.

295 bis. Morphée.

Ailé, nu, couché sur un rocher et dormant. Des pavots sont posés à terre. — Statuette de marbre : hauteur, 0,600; longueur, 0,660.

Sur la base, on lit : A.HOUDON.F.A.1777.

Morceau de réception à l'Académie.

Houdon.

296. Diane.

Elle est entièrement nue, posée debout et n'adhérant à sa base que par l'extrémité du pied gauche ; la main droite tient une flèche, et la gauche, qui est abaissée, porte un arc. — Statue de bronze : hauteur, 1,900.

On lit sur le socle : HOUDON, F. 1790 ; mais le socle est plus moderne que la statue, et l'inscription peut être inexacte, car une Diane en bronze de Houdon a fait partie de l'exposition de 1783.

Le marbre, exécuté en 1781, pour l'impératrice de Russie, est à Saint-Pétersbourg.

Houdon.

297. Jean-Jacques Rousseau, *mort le 3 juillet* 1778.

Il est représenté comme un philosophe de l'antiquité. Les cheveux, courts et plats, sont traversés par un ruban ; la poitrine est cachée par les plis d'un manteau. On lit sur le côté : HOUDON. F. 1778. — Buste de bronze : hauteur, 0,450.

Houdon.

298. L'abbé Aubert, *mort en* 1814.

La tête est posée de trois quarts, regardant à droite ; les cheveux sont roulés ; le costume est celui d'un prêtre. — Buste de marbre : hauteur, 0,650.

Donné au Musée par M. Magimel, inspecteur des finances, 1851.

Houdon (d'après).

299. ROBERT FULTON, *né en Pensylvanie vers 1767, mort en 1815. Mécanicien célèbre, il est le premier qui ait fait une application pratique des forces de la vapeur à la navigation.*

Buste de marbre : hauteur, 0,570.

Il a été exécuté par les soins de M. Michaux (1) et de M. Victor Texier, d'après un buste en plâtre fait par Houdon en l'an XII (1804), et qui avait été donné au Musée par M. de Valcourt.

Il est placé dans une des salles du Musée de marine.

Le Musée de Versailles possède plusieurs bustes de marbre de Jean-Antoine Houdon : Diderot, 1775 ; Voltaire, 1782 ; Louis XVI, 1790 ; La Fayette, 1790 ; l'Impératrice Joséphine, 1808, et celui de Washington qui fut exécuté pour la galerie des Consuls, aux Tuileries.

M. A. de Montaiglon, dans une étude sur Houdon (2), indique un portrait fait par Boilly, qui représente le sculpteur en pied et travaillant.

SIMON-LOUIS **BOIZOT**, *né à Paris le 9 octobre 1743, mort le 10 mars 1809.*

Son père était dessinateur à la manufacture des Gobelins, et lui-même a été, à la fin de sa carrière, attaché comme statuaire à la manufacture de Sèvres. Très-jeune, il fut envoyé à Rome, et fut reçu académicien le 28 novembre 1778, sur une figure de Méléagre. Il a fait la statue de Racine, qui est à l'Institut, plusieurs modèles pour les bas-reliefs de la colonne de la Grande-Armée, les figures allégoriques qui entourent la fontaine de la place du Châtelet, et la Victoire qui la surmonte.

300. L'AMOUR.

Il est nu, ailé, debout ; de la main droite il prend une flèche en son carquois et presse un arc de la gauche. On lit sur le socle : BOIZOT. F. 1772. — Statuette de marbre : hauteur, 0,610.

---

(1) *Musée de sculpture antique et moderne*, t. VI, continué sur les manuscrits de feu M. le comte de Clarac, par M. Alfred Maury, et publié sous la direction de Victor Texier, graveur, p. 230.

(2) *Revue universelle des arts*. Biographie, t. I, pages 157, 237, 317. 397. Catalogue de l'œuvre de Houdon, t. II, p. 411.

8

158 SCULPTEURS FRANÇAIS, XVIIIᵉ SIÈCLE.

Boizot.

300 bis. MÉLÉAGRE.

Nu, debout, il tient de la main droite la tête du sanglier qu'il a abattu. — Statuette de marbre : hauteur, 0,820.

Morceau de réception à l'Académie.

301. JOSEPH VERNET, *peintre de marines (école française), mort en 1789.*

Les cheveux sont courts ; la chemise et le manteau sont ouverts et laissent voir le cou et la poitrine. Au-dessous du marbre, on lit : MODELÉ D'APRÈS NATURE, EN 1783, PAR BOIZOT, ET EXÉCUTÉ EN 1806. — Buste de marbre : hauteur, 0,650.

Il est placé dans le Musée de la peinture française, salle des ports de France.

PIERRE JULIEN, *né en 1731, à Saint-Paulien, près du Puy en Velai, mort à Paris le 17 décembre 1804 (1).*

Élève de Guillaume Coustou, il fut envoyé à Rome, en 1768, comme pensionnaire, et il y fit des copies réduites de l'Apollon du Belvédère et du Gladiateur. Il fut reçu à l'Académie le 27 mars 1779, sur une figure représentant un Gladiateur mourant, et fut chargé de faire pour le roi la statue de La Fontaine et celle de Poussin : ce fut son dernier ouvrage. Il avait été nommé membre de l'Institut le 12 décembre 1795, et y fut remplacé par Chaudet.

301 bis. UN GLADIATEUR MOURANT.

Nu, blessé à la poitrine ; il est assis à terre, appuyé du bras droit sur un bouclier ; il regarde une couronne

(1) *Moniteur* du 14 vendémiaire an XIV.

de lauriers que presse sa main gauche. — Statuette de marbre : hauteur, 0,600.

Sur le devant de la base sont gravés les mots : PAR Mr JULIEN, et la date 1779.

Morceau de réception à l'Académie.

Julien.

302. GANYMÈDE VERSANT LE NECTAR A JUPITER CHANGÉ EN AIGLE (1).

Ganymède est nu, debout ; il tient une aiguière de la main droite, et de la gauche une coupe qu'il approche de l'aigle placé très-près de lui, sur des nuages qui les portent tous deux. — Statuette de marbre : hauteur, 1,020.

303. UNE JEUNE FILLE AYANT PRÈS D'ELLE UNE CHÈVRE.

Elle est nue, assise sur un rocher ; la main droite tient un ruban qui est rattaché aux cornes d'une chèvre, et la gauche ramène sur la poitrine une draperie dont les plis retombent sur l'une des cuisses. — Groupe de marbre : hauteur, 1,720.

Julien, qui a exposé cette statue en 1791, sous le titre de Figure en marbre, accompagnée d'une chèvre, l'avait composée pour la laiterie du château de Rambouillet, construite sous le roi Louis XVI. M. Quatremère de Quincy en parle ainsi qu'il suit (2) : « L'édifice est bâti de pierres de
« grès, en forme de rotonde ; une source d'eau vive y est reçue dans un
« bassin, et ce bassin était orné de la figure d'une bergère, en marbre,
« accompagnée d'une chèvre qu'elle conduit boire à la fontaine. La ber-
« gère était censée aussi vouloir s'y baigner, ce qu'indiquait l'action de
« son pied qui s'approchait de l'eau. Cette figure, qui se voit aujour-
« d'hui dans la galerie du Luxembourg, est le meilleur ouvrage de
« Julien. »

---

(1) *Livret de l'Exposition de* 1785.
(2) *Encyclopédie,* Architecture, t. II, p. 609.

CLAUDE **DEJOUX**, *né à Vadans, près d'Arbois, en* 1731, *fut reçu à l'Académie le* 31 *juillet* 1779. *Il est mort le* 18 *octobre* 1816, *membre de l'Institut*.

Il a exposé en 1783 une statue de Catinat, et en 1795 le modèle en plâtre de 27 pieds de hauteur d'une Renommée destinée à être fondue en bronze et placée au-dessus de la coupole du Panthéon.

303 *bis*. SAINT SÉBASTIEN.

Nu, représenté mourant; le bras gauche relevé est attaché au tronc d'un arbre, le pied droit est posé sur un casque. — Statuette de marbre : hauteur, 1,120.
Sur la base sont gravés les mots : PAR M^r DE JOUX, et la date 1779.

Morceau de réception à l'Académie.

FÉLIX **LECOMTE**,

Il fut reçu à l'Académie le 22 juillet 1771, mort en février 1817; en 1787, il a exposé une statue de Rollin.

303 *ter*. PHORBAS DÉTACHANT ŒDIPE ENFANT DE L'ARBRE AUQUEL IL AVAIT ÉTÉ LIÉ.

Groupe de marbre : hauteur, 1,000.
Sur la base sont gravés les mots : F^x LECOMTE F^it et la date 1771.

Morceau de réception à l'Académie.

SCULPTEURS FRANÇAIS, XVIII° SIÈCLE.

Claude **MICHEL**, *connu sous le nom de* **CLODION** (1) *né à Nancy le 20 décembre 1738, mort à Paris, à la Sorbonne le 28 mars 1814. Agréé de l'Académie.*

Il reçut ses premiers enseignements de Lambert-Sigisbert Adam (2), qui était son oncle, et forma son talent à Rome, où il alla d'abord comme pensionnaire du roi, et où il passa ensuite onze années de sa vie. Il a exposé en 1773, 1779, 1783, puis, après une lacune de dix-huit ans, en 1801, 1806, 1810. Les gracieuses compositions en terre cuite qui ont illustré le nom de Clodion sont fort connues et très-recherchées. En dehors de ce genre, où il réussissait merveilleusement, ses œuvres sont rares : il a fait, pour l'arc de triomphe du Carrousel, un bas-relief représentant l'Entrée à Munich; l'on peut voir à Versailles un Génie ailé tenant un cœur, qui lui est attribué, et dans le palais de Fontainebleau un buste en hermès de Montesquieu, que Clodion exécuta en 1783, pour le roi Louis XVI.

304. Une Bacchante.

Elle est à demi nue, debout, et porte sur son épaule droite un petit Satyre qu'elle soutient des deux mains ; elle sourit à l'enfant, qui tient un raisin; des cymbales sont appendues à la tunique de la bacchante. — Groupe de marbre : hauteur, 1,430. Le socle est en bleu turquin.

Martin-Claude MONOT.

Élève de Vassé. Il fut reçu à l'Académie le 28 août 1779. En 1783, il était premier sculpteur de M. le comte d'Artois; il a fait en 1785 une statue de Du Quesne.

304 bis. Le Génie du Printemps.

Nu, debout, « il enchaîne de fleurs le signe du bélier. » — Statuette de marbre : hauteur, 0,710.

Morceau de réception à l'Académie.

---

(1) Comte DE CLARAC, *Musée de sculpture antique et moderne*, t. 1er, p. 618, en note.
(2) Voir page 140.

PHILIPPE-LAURENT **ROLAND** (1), *né à Marcq, près Lille, en 1746, mort le 11 juillet 1816.*

Il vint jeune à Paris, sachant sculpter en bois, et fut occupé à la décoration de la salle de spectacle de Versailles, par Pajou, qui l'employa à d'autres travaux et peut être regardé comme son maître; mais Roland voulut connaître l'Italie et y resta cinq ans. En 1781, il fut agréé à l'Académie, et lors de la création de l'Institut, il fut un des premiers nommés dans la classe des beaux-arts.
Il mérita d'être choisi avec Moitte et Chaudet, pour la sculpture des frontons de la cour du Louvre, qui répètent sur la façade de l'est les frontons du palais de Henri II. Il a exécuté celui que dominent deux figures de femmes, la Victoire et l'Abondance, où l'on voit plus bas Hercule et Minerve, et entre ces divinités assises, deux fleuves : le Danube et le Nil (2).

305. SUVÉE, *peintre du roi Louis XVI, directeur de l'Académie de France à Rome, mort en 1807.*

L'habit est ouvert; la chemise laisse voir le cou et la poitrine ; une cravate est nouée négligemment. On lit par derrière la signature Roland F. 1788. — Buste de terre cuite : hauteur, 0,520.

Il a été exposé en 1789.

Roland.

306. EUSTACHE LESUEUR (3), *peintre, né en 1617, mort en 1655.*

Les cheveux sont longs et ondulés ; un rabat en dentelle retombe sur un pourpoint boutonné ; un manteau est drapé sur l'épaule gauche. On lit au-dessous du

---

(1) QUATREMÈRE DE QUINCY, Notice lue à la séance publique de l'Académie des Beaux-Arts, le 2 octobre 1819.

(2) Ad. Maillard. Etude sur la vie et les ouvrages de David d'Angers. David d'Angers, Roland et ses ouvrages, Paris, 1847.

(3) F. VILLOT, *Notice des tableaux exposés au Musée impérial du Louvre* (école française), 1855.

bras droit : ROLAND. F. 1806. — Buste de marbre : hauteur, 0,700.

Roland.

307. HOMÈRE.

Il est nu, debout, le visage levé vers le ciel, jouant de la lyre ; un bâton est posé près de lui ; une couronne sur le dé qui le soutient, une autre à terre. On lit sur le socle : ROLAND. F. 1812. — Statue de marbre : hauteur, 2,000.

JEAN-BAPTISTE **STOUF**, *né à Paris l'an 1742, mort le 1er juillet 1826. Il fut reçu à l'Académie le 28 mai 1785, et nommé membre de l'Institut le 5 avril 1817.*

Il a exposé, en 1800, une statue de Montaigne ; en 1804, celle du général Joubert.

308. LA MORT D'ABEL.

Il est étendu sur le sol et vu de côté. — Statuette de marbre : longueur, 1,020. On lit sur le socle : PAR M. STOUF. 1785.

C'est sur cette sculpture que J.-B. Stouf fut reçu à l'Académie.

JEAN-JOSEPH **FOUCOU**, *né en 1736, mort en 1815.*

Il fut reçu à l'Académie le 30 juillet 1785. En 1789, il a exposé une statue de Bertrand Duguesclin ;
En 1799, le marbre ;
En 1801, le buste en marbre du général Dampierre, destiné à la galerie des Consuls ;
En 1814, le buste de Jean Goujon.

308 bis. FLEUVE.

Nu, assis sur un rocher, il retient du bras droit un vase duquel s'échappe un courant d'eau. — Statuette de marbre : hauteur, 0,530.

Sur le rocher sont gravés les mots : J.-J. FOUCOU, et la date 1785.

Morceau de réception à l'Académie.

BARTHÉLEMY BLAISE, *né à Lyon en 1738, agréé à l'Académie en 1785, mort en 1819.*

309. GIULIO PIPPI, *dit* JULES ROMAIN, *peintre, né à Rome en 1499, mort en 1546.*

Buste de marbre : hauteur, 0,880. On lit sur un des côtés : JULES ROMAIN, PAR BLAISE, L'AN XII.

Il a fait partie du Musée des monuments français, n° 303.

SIMON-LOUIS BOCQUET, *reçu à l'Académie le 27 septembre 1788.*

309 bis. ARCHIMÈDE.

Nu, « assis ; au moment qu'un soldat l'invite à venir parler à Marcellus, Archimède le prie d'attendre un instant, jusqu'à ce que son problème soit résolu et qu'il en ait fait la démonstration..... » (1). — Statuette de marbre : hauteur, 0,670.

Sur la base sont gravés les mots : PAR Mr BOQUET, et la date 1788.

Morceau de réception à l'Académie.

---

(1) *Explication des sculptures*, 1787.

SCULPTEURS FRANÇAIS, XIXᵉ SIÈCLE.

François-Nicolas **DELAISTRE**, *né à Paris le 9 mars 1746, mort en la même ville le 23 avril 1832* (1).

Élève de Lecomte et de Vassé, il alla à Rome comme pensionnaire et de retour en France, fut agréé à l'Académie en 1785. La liste de ses œuvres est rapportée avec soin dans le dictionnaire de M. A. Jal, nous possédons celle qui résume l'imagination de sa jeunesse et la science de sa maturité.

310. L'Amour et Psyché.

L'Amour est nu et assis sur un rocher que couvre une draperie ; il est endormi, le bras droit replié et la main soutenant la tête. Psyché, debout, presque nue, tient de la main gauche une lampe et regarde l'Amour : un poignard est à ses pieds. Le nom de F. DELAISTRE est gravé sur une pierre. — Groupe de marbre : hauteur, 1,610.

Le piédestal, de marbre, est circulaire et orné de figures de bas-relief dont les sujets sont : Jupiter écoutant la prière de Vénus ; l'Amour, s'envolant, soutenu par des nuages ; Psyché agenouillée et dans la pose d'une suppliante ; le char de Vénus ; Mercure messager des dieux. On y lit : F. DELAISTRE, 1782.

Ce groupe fut exécuté à Rome et placé au Luxembourg ; le modèle de plâtre a été exposé en 1814.

Delaistre.

311. Paolo Caliari (2), *dit* Paul Véronèse, *peintre né à Vérone en 1528, mort en 1588.*

La chevelure et la barbe sont courtes et frisées ; un col est rabattu sur le pourpoint ; trois rangs de chaîne traversent la poitrine. On lit sous l'épaule droite : F.

---

(1) A. Jal. *Dictionnaire*, p. 482.
(2) F. Villot, *Notice des tableaux exposés au Musée impérial du Louvre* (écoles d'Italie).

8.

DELAISTRE AN 1806, et sur la base : PAOLO CALIARI VERONESE. — Buste de marbre : hauteur, 0,800.

Il est placé dans la grande galerie des tableaux.

Delaistre.

312. KAREL DU JARDIN (1), *peintre et graveur, né à Amsterdam vers 1635, mort à Venise en 1678.*

Buste de marbre : hauteur, 0,800.

Il fut exposé en 1819 et était destiné à la grande galerie des tableaux où il est placé.

ANTOINE-DENIS CHAUDET, *sculpteur et peintre, né à Paris le 3 mars 1763, mort le 19 avril 1810.*

Il fut élève de Stouf, et, en 1784, il remporta le grand prix de sculpture; en 1789, il fut agréé à l'Académie; la même année, il exposa une statue de la Sensibilité, dont la signification était indiquée dans le Livret en ces mots : « Elle considère une sensitive qu'elle vient de toucher ; sur le « socle sont gravés quatre sujets d'histoire représentant différents effets « de la sensibilité ; autour du vase sur lequel la figure est appuyée, sont « aussi représentés des animaux à qui l'on accorde cette qualité. » Le choix du sujet et de tous ses détails caractérise bien l'esprit et l'âme du sculpteur délicat qui a fait la gracieuse composition connue sous le nom du Nid d'Amour (1791), Paul et Virginie (1795), Cyparisse pleurant un jeune cerf qu'il chérissait et qu'il a tué par mégarde, dont le modèle fut exposé en 1798, et le marbre en 1810. Chaudet a abordé des sujets plus graves ; l'un des petits frontons de la cour du Louvre et les figures qu'il surmonte sont de sa main ; mais une sorte de fatalité a entraîné la destruction de ses œuvres les plus considérables : la statue de l'empereur Napoléon Ier, le fronton du Corps-Législatif, l'Hercule de la place des Invalides, la Minerve du Panthéon. La mort ne lui laissa pas le temps de finir sa statue de l'Amour, qui fut son dernier ouvrage. Chaudet avait été nommé membre de l'Institut le 12 janvier 1805.

Chaudet.

313. ŒDIPE ENFANT RAPPELÉ A LA VIE PAR LE BERGER QUI L'A DÉTACHÉ DE L'ARBRE (2).

Le berger Phorbas est nu, debout ; il soutient de la main gauche le corps du petit Œdipe, et, de la droite,

---

(1) F. VILLOT, *Notice des tableaux exposés au Musée impérial du Louvre* (école hollandaise).

(2) *Livret de 'Exposition de* 1801.

approche des lèvres de l'enfant, qu'il regarde avec anxiété, une tasse dont on voit couler le liquide. Un chien, posé près du berger, lève la tête et caresse de sa langue un des pieds de l'enfant. On lit sur le socle : CHAUDET. — Groupe de marbre : hauteur, 2,000.

Le modèle fut exposé en 1801 ; le marbre, laissé inachevé, fut terminé après la mort de Chaudet, sous la direction de Cartellier et de Dupaty, et dans l'atelier de ce dernier, au Luxembourg.

Chaudet.

314. L'Amour.

Il est nu, ailé, agenouillé et la jambe gauche relevée ; il retient délicatement un papillon qu'il approche d'une rose dont sa main gauche soulève la tige. — Statue de marbre : hauteur, 0,800.

Le socle est orné sur ses quatre faces de bas-reliefs dont les figures sont de petite proportion : 1° deux petits amours tiennent à deux mains les ailes d'un gros papillon qu'ils se disputent ; un troisième, qui est à genoux, cherche sournoisement à approcher une torche enflammée de l'insecte en litige ; un autre le vise avec son arc ; un autre aiguise une flèche ; on lit, vers le bas, le nom de CHAUDET ; 2° trois chars auxquels sont attelés des papillons ; en l'un d'eux est un petit enfant prêt à frapper du fouet ; en l'autre, un amour qui tient ses guides de l'une et l'autre main et semble mettre toute son attention à diriger l'attelage ; les papillons qui sont attelés au troisième char sont révoltés, le conducteur est descendu et a le bras levé pour les fustiger ; 3° une corbeille est remplie de roses, trois papillons y sont posés ; deux sont unis et volent dans les airs ; un autre est fixé sur une rose tombée à terre ; 4° des abeilles en désordre poursuivent des amours qui les ont attaquées et ont percé de flèches leur ruche ; un des amours est renversé ; le second s'enfuit en regardant en arrière ; un troisième est à genoux et pleure ; l'un de ceux qui suivent a décoché une flèche sur la ruche ; un autre, poursuivi par un papillon, s'abaisse et se cache ; du côté opposé on ne voit qu'un jeune enfant qui tâche d'échapper aux poursuites des abeilles et d'un papillon.

<small>La statue de l'Amour fut, après la mort de Chaudet, terminée sous la direction de Cartellier.</small>

Chaudet.

314 bis. LA PAIX.

Assise, couronnée d'épis ; elle a dans la main droite une branche d'olivier et soutient de la gauche une corne d'abondance. — Statue d'argent : hauteur, 1,700 ; largeur, 1,080.

Sur la base on lit :

CHAUDET SCULPSIT.
CHERET EX ARGENTO FUDIT.
VIVANT DENON DIREXIT.
ANNO MDCCCVI.

<small>La statue de la Paix a été jusqu'en 1870 placée dans le palais des Tuileries, au fond de la galerie qui précédait la salle des Maréchaux.</small>

Chaudet.

315. SÉBASTIEN BOURDON (1), *peintre et graveur, né à Montpellier en 1616, mort à Paris le 8 mai 1671.*

La chevelure est longue et tombante ; une cravate est nouée autour du cou. — Buste de marbre : hauteur, 0,690. Le nom de SEB. BOURDON est gravé sur la base qui est de marbre gris.

<small>Il fut exposé en 1810 et est un des derniers ouvrages de Chaudet ; il était destiné à la grande galerie du Musée, et y est placé.</small>

<small>(1) F. VILLOT, *Notice des tableaux exposés au Musée impérial du Louvre* (école française), 1855.</small>

Louis-Pierre **DESEINE**, *mort le 13 octobre 1827. Il avait été reçu à l'Académie le 26 mars 1791.*

315 bis. Mucius Scævola.

Nu, debout, il pose la main droite sur un brasier que supporte un trépied. — Statuette de marbre : hauteur, 1,050.

Morceau de réception à l'Académie.

Joseph **CHINARD**, *né à Lyon le 12 février 1756, élève de Blaise et 1er prix de Rome en 1786, mort le 19 mai 1813.*

316. Francesco Albani, *dit* l'Albane, *peintre, né à Bologne en 1578, mort en 1660.*

Les cheveux sont ondulés, la moustache et la barbe sont taillées en pointe ; la robe est doublée de fourrure ; une médaille, où sont figurées les Grâces, est suspendue à une chaîne qui forme deux rangs. Le nom ALBANI est gravé en relief sur la base. — Buste de marbre : hauteur, 0,810.

Il a été exposé en 1808.

Charles-Antoine **CALLAMARD** (1), *né à Paris en 1769, mort en 1815.*

Élève de Pajou, il remporta le grand prix de Rome en 1797. Il a fait plusieurs bas-reliefs pour la colonne de la place Vendôme, d'autres sculptures pour l'arc de triomphe du Carrousel et la salle des Cariatides, et est mort jeune.

(1) Comte DE CLARAC, *Musée de sculpture antique et moderne*, t. 1er, p. 415.

Callamard.

317. L'Innocence réchauffant un serpent.

Assise, à demi nue et couronnée de fleurs, elle appuie contre sa poitrine un serpent qu'elle réchauffe sous les plis de sa robe. Sur la base on lit : C. A. CALLAMARD. 1806. — Statue de marbre : hauteur, 1,300.

Elle a été faite à Rome et exposée à Paris en 1810.

Callamard.

318. Hyacinthe.

Nu, debout, dans une pose un peu affaissée, il est représenté blessé au front et y portant la main ; le disque qui l'a frappé est près de ses pieds. On lit sur le socle : CALLAMARD EN 1812. — Statue de marbre : hauteur, 1,380.

FRANÇOIS-DOMINIQUE-AIMÉ **MILHOMME**, *né à Valenciennes le 20 août 1758, grand prix en 1801, mort à Paris le 24 mai 1823.*

319. Psyché.

Debout, nue, un petit voile retombant de la tête sur le bras droit qu'il recouvre en entier ; elle tient une lampe de la main gauche et un poignard est posé à terre. Elle est appuyée contre un petit tombeau qui est orné, sur les angles, de torches renversées et de papillons, On lit sur la base : AI. MILHOMME FECIT. ROME. 1806. — Statue de marbre : hauteur, 1,180.

LORTA, *né à Paris en* 1759, *élève de Bridan père.*

320. ANTONIO ALLEGRI, *dit* LE CORRÉGE, *peintre né à Correggio en* 1494, *mort en* 1534.

La barbe est longue ; un manteau drapé recouvre le pourpoint. On lit sur la base : ANTONIO ALLEGRI DETTO IL CORREGIO, et sur le côté gauche : J. F. LORTA. F. AN 1812. — Buste de marbre : hauteur, 0,800.

<small>Il est placé dans la grande galerie des tableaux.</small>

CHARLES-GABRIEL SAUVAGE, *dit* LEMIRE (1), *né à Lunéville en* 1741, *mort le* 12 *janvier* 1827.

321. L'AMOUR.

Il est nu, debout, préparant son arc dont il dispose la corde ; un arbre, auquel est appendu le carquois, soutient la figure. On lit sur le socle : LEMIRE PÈRE, 1814. — Statue en marbre : hauteur, 1,250.

DAUJON. *Il travaillait en* 1809 (2).

322. MÉDUSE (*tête de*).

Bas-relief, bronze : diamètre, 0,520.

Daujon.

323. MÉDUSE (*tête de*).

Bas-relief, bronze : diamètre, 0,520.

<small>(1) Comte DE CLARAC, *Musée de sculpture antique et moderne*, t. V p. 335, en note.
(2) Le même, t. 1er, p. 685.</small>

HENRI-JOSEPH RUXTHIEL (1), *né à Lierneux, province de Liége, le 4 juin 1775, mort à Paris le 14 septembre 1837.*

324. ZÉPHYRE ET PSYCHÉ.

Zéphyre, nu, soulevant au-dessus de sa tête une légère draperie qui est enflée par le vent, tient embrassée, du bras droit, Psyché qui est nue, ailée, et dont le visage est levé vers le ciel. — Groupe de marbre : hauteur, 1,550.

Il a été exposé en 1814.

Il a été placé au château de Meudon.

JACQUES-EDME DUMONT, *né à Paris le 10 avril 1761, mort en la même ville le 21 février 1844.*

Élève de Pajou, pensionnaire du roi à Rome en 1788, il a fait une statue du général Marceau, une statue colossale de Colbert, la statue de Malesherbes pour le monument du Palais de Justice, deux figures en bas-relief pour un des œils-de-bœuf de la cour du Louvre.

325. MARCEAU, *général des armées françaises, mort en 1796.*

Il porte le costume militaire. On lit sur la base : MARCEAU, et sur le côté : J. E. DUMONT. FCT. L'AN 8. — Buste de terre cuite : hauteur, 0,580.

Il a été exécuté après la mort de Marceau et sous la direction de sa famille.

---

(1) Comte de BECDELIÈVRE. *Notice sur Ruxthiel, dans la biographie liégoise*, t. II, p. 779.

François-Joseph **BOSIO** (baron), *né à Monaco le 19 mars 1769, membre de l'Institut, chevalier de l'ordre de Saint-Michel, officier de la Légion-d'Honneur, mort à Paris en 1845.*

En 1814, il exposait Hercule combattant Achéloüs métamorphosé en serpent, dont le bronze est encore aujourd'hui dans le jardin des Tuileries; en 1824, le bronze et une statue en marbre français de Henri IV enfant, modèle de la statue d'argent que nous possédons.

326. Aristée, dieu des jardins.

Debout, nu, coiffé de fleurs ; la main droite soutient un long bâton recourbé ; le bras gauche s'appuie sur un tronc d'arbre auquel est appendue une peau de chevreau. Sur l'arbre et près du socle, on lit : F. BOSIO. F. — Statue de marbre : hauteur, 2,050.

Elle a été exposée en 1817.

Bosio.

327. Hyacinthe.

Le favori d'Apollon est représenté à demi couché, appuyé sur son palet, et semble regarder jouer en attendant son tour. Sur le socle on lit : F. BOSIO PREMIER SCVLPTEVR DV ROI. — Statue de marbre : longueur, 1,270.

Elle a été exposée en 1817.

Bosio.

328. La nymphe Salmacis.

A demi nue, assise à terre et s'y appuyant de la main gauche, elle écarte de la droite les doigts de l'un de ses pieds ; une couronne de fleurs entoure sa tête et une légère draperie voile les cuisses et les jambes. On lit sur la base : Le Bᴼᴺ Bosio. — Statue de marbre : hauteur, 0,830.

Elle a été exposée en 1819.

Bosio.

328 *bis*. Henri IV enfant.

Debout, la tête découverte, costume de la fin du seizième siècle. Une épée est dans la main gauche. — Statue d'argent : hauteur, 1,300.
Sur la base, on lit :

BOSIO, PREMIER SCULPTEUR DU ROI.
SOYER, CISELEUR.
FONDU EN 1824 PAR ODIOT, ORFÈVRE.

Bosio.

329. La Vierge Marie.

Un voile retombe de l'arrière de la tête sur les épaules. — Buste de marbre : hauteur, 0,580.

Charles DUPATY, *né à Bordeaux en 1771, élève de Lemot, grand prix de sculpture et pensionnaire à Rome en 1803, membre de l'Institut en 1812, mort le 12 novembre 1825.*

330. Biblis mourante est changée en fontaine.

La nymphe est couchée, demi-nue, la main droite cachant un sein, le bras gauche étendu au long du corps. — Statue de marbre : longueur, 1,640.

Elle a été exposée en 1819.

NICOLAS-AUGUSTIN **MATTE**, *né à Paris en* 1781, *élève de Monot et de De Joux;* 2e *grand prix en* 1807.

331. ANTON VAN DYCK (1), *peintre et graveur, né à Anvers en* 1599, *mort près de Londres en* 1641.

Le front est découvert et la moustache relevée ; la chemise ouverte laisse voir le cou et la poitrine ; un manteau est drapé sur l'habit. On lit sur la base : VAN-DYCK, et sur le côté le nom du sculpteur : MATTE 1819. — Buste de marbre : hauteur, 0,820.

Il est placé dans la grande galerie des tableaux.

MANSION, *né à Paris en* 1773, *médaille de* 1re *classe en* 1810.

Nous connaissons de lui un bas-relief dans la cour du Louvre, une statue représentant Aconce, qui est placée dans le jardin de Compiègne.

332. REMBRANDT VAN RYN (2), *peintre et graveur, né près de Leyde en* 1606, *mort à Amsterdam en* 1669.

La chevelure abondante est en partie cachée par un bonnet ; le pourpoint est boutonné et la robe garnie de fourrure. On lit sur la base : REMBRANT, et sur le côté : MANSION FECIT 1819. — Buste de marbre : hauteur, 0,800.

Il est placé dans la grande galerie des tableaux.

---

(1) F. VILLOT, *Notice des tableaux exposés au Musée impérial du Louvre* (2e partie, école flamande).
(2) Le même, *Notice des tableaux exposés au Musée impérial du Louvre* (école hollandaise).

Mansion.

333. PHILIPPE DE CHAMPAIGNE (1), *peintre, né à Bruxelles en 1602, mort à Paris en 1674.*

La chevelure est longue et tombante ; le manteau drapé ne laisse à découvert que le cou. On lit sur la base : PH. DE. CHAMPAIGNE, et sur le côté : MANSION FECIT 1819. — Buste de marbre : hauteur, 0,760.

<small>Il est placé dans la grande galerie des tableaux.</small>

Mansion.

334. DAVID TENIERS, *peintre, né à Anvers en 1610, mort en 1694.*

La chevelure est longue et flottante ; le chapeau est orné de plumes ; un manteau est posé sur l'épaule gauche. — Buste de marbre : hauteur, 0,800.

<small>Il a été exposé en 1822.
Il est placé dans la grande galerie des tableaux.</small>

PIERRE-ALPHONSE FESSARD, *né à Paris en 1798, élève de Bridan et de Bosio, médaille de 2ᵉ classe en 1824.*

335. VALENTIN, *peintre, né en 1600, mort en 1634.*

Les cheveux sont longs et ondulés ; un manteau drapé ne laisse voir que le cou. On lit sur la base : VALENTIN, et sur le côté le nom du sculpteur : FESSARD. PARIS. 1822.—Buste de marbre : hauteur, 0,800.

<small>(1) F. VILLOT, *Notice des tableaux exposés au Musée impérial du Louvre* (école flamande).</small>

Maurice BEGUIN, *né à Montmorency en 1795, élève de Lemot.*

336. Jean Jouvenet, *peintre né à Rouen en 1644, mort à Paris en 1717.*

Buste de marbre : hauteur, 0,950. On lit sur la base : JOUVENET, et sur le côté la signature du sculpteur : BEGUIN. 1822.

Il est placé entre l'escalier de Henri II et celui de Henri IV.

Claude-Marie-Eugène VIETTY, *né à Amplepuis (Rhône) le 10 avril 1791, élève de Cartellier.*

337. Jacopo Robusti, *dit* le Tintoret, *peintre né à Venise en 1512, mort en 1594.*

Les cheveux, la barbe et la moustache sont frisés; la robe est garnie de fourrure. Le nom du sculpteur est gravé sur le côté : VIETTY. — Buste de marbre : hauteur, 0,900.

Il a été livré au Louvre en 1825.
Il est placé au premier étage du pavillon de l'Horloge.

Jean-Pierre CORTOT, *né à Paris en 1787, 1er grand prix de Rome en 1809, officier de la Légion-d'Honneur, membre de l'Institut en 1825, mort le 12 août 1843.*

Élève de Bridan, il a beaucoup travaillé. On peut voir de lui à Saint-Gervais un *Ecce Homo* et une statue de sainte Catherine; au Palais de Justice, un bas-relief décorant le monument de Malesherbes; à Rouen, une statue en marbre de Corneille.

338. Daphnis et Chloé.

La jeune fille est assise, à demi nue et couronnée de fleurs; elle tient une flûte de chaque main. Daphnis debout et nu, touche de la main droite l'une des flûtes que tient Chloé, et, de la gauche, lui indique quel usage elle doit faire de l'autre. — Groupe de marbre : hauteur, 1,300.

Il a été exposé en 1827.

Jean-Baptiste-Louis ROMAN, *né à Paris en 1792, élève de Cartellier, grand prix de sculpture en 1816, chevalier de la Légion d'honneur en 1827, membre de l'Institut en 1831, mort en 1835.*

339. Nisus et Euryale.

Euryale est étendu sur le sol et mort ; Nisus, percé d'un fer de lance, étreint une épée de la main droite et tient de l'autre la main de son ami qu'il appuie sur son cœur. — Groupe de marbre : hauteur, 1,650.

340. L'Innocence.

Une jeune fille nue qui est assise sur un rocher s'y appuie de la main droite, tenant en l'autre un lézard qu'elle approche de sa poitrine. — Statue de marbre : hauteur, 0,870.

341. Anne-Louis Girodet de Roucy Trioson [1], *peintre mort à Paris le 9 décembre 1824.*

Les cheveux sont courts et ondulés ; un manteau à collet laisse voir le cou et la poitrine. — Buste de marbre : hauteur, 0,790.

---

[1] F. Villot, *Notice des tableaux exposés au Musée impérial du Louvre* (école française), 1855.

Jean-Jacques **FLATTERS**, *né à Creveld le 16 novembre 1786, élève de Houdon, 2e grand prix en 1813.*

342. René Duguay-Trouin, *chef d'escadre, né à Saint-Malo en 1673, mort à Paris en 1736.*

Buste de marbre : hauteur, 0,800.

<small>Il a été exécuté en 1828.
Il est placé dans une des salles du Musée de marine.</small>

Jean **LEGENDRE HÉRAL**, *né le 3 janvier 1795 à Montpellier, élève de Chinard et de Révoil, médaille de 2e classe en 1819, chevalier de la Légion d'honneur le 17 août 1837, mort en 1851.*

<small>Professeur de sculpture à l'école des Beaux-Arts de Lyon, il eut pour élèves Flandrin, MM. Bonnassieux et Chambard. En 1838, il vint à Paris et y a fait plusieurs travaux : Les statues et les bustes qui constituent son œuvre sont placés à Paris ou dans les musées de Lyon, de Bordeaux, d'Amiens.</small>

343. Nicolas Coustou, *sculpteur né à Lyon en 1658, mort à Paris en 1733.*

Les cheveux sont longs et flottants ; le buste est coupé carrément à la hauteur de la poitrine. Le nom de Nicolas Coustou est gravé en avant, et l'on trouve sur le côté celui de Legendre Héral, avec la date 1827. — Buste de marbre : hauteur, 0,750.

344. Pierre Puget, *sculpteur né à Marseille en 1622, mort en 1694.*

Le buste est coupé carrément à la hauteur de la poitrine. Le nom de Pierre Pujet est gravé en avant, et l'on trouve sur le côté celui de Legendre Héral, avec la date 1833. — Buste de marbre : hauteur, 0,750.

PIERRE-FRANÇOIS-GRÉGOIRE GIRAUD, *né en 1783, mort en 1837.*

345. UN CHIEN.

Il est couché à terre. — Ronde bosse; marbre : hauteur, 0,500. Sur la base sont figurés, en bas-relief, un chien près d'une urne funéraire; un chien combattant un taureau; un autre étranglant un serpent; un autre déchirant un cerf : ce sont les symboles de la fidélité, du courage, de la vigilance et de l'agilité. On lit sur le marbre : GIRAUD F.

PIERRE-CHARLES BRIDAN, *né à Paris le 10 novembre 1766, mort à Versailles en 1849.*

Élève de son père. Il fut reçu à l'Académie le 25 janvier 1772. L'on peut voir, dans le jardin du Luxembourg, une statue de marbre représentant Vulcain. Il a exposé, en 1824, les statues de Bossuet et de Duguesclin.

345 bis. LE MARTYRE DE SAINT BARTHELEMY.

Le saint est nu, agenouillé, lié par le poignet gauche au tronc d'un arbre; le bourreau est debout, à demi nu, ayant dans la bouche le couteau, instrument du martyre. — Groupe de marbre : hauteur, 1,000.

Morceau de réception à l'Académie.

Bridan.

346. ÉPAMINONDAS.

Assis, nu et la tête couverte d'un casque, il arrache de sa poitrine une flèche dont elle est percée; sa main gauche soutient un bouclier. — Statue de marbre : hauteur, 1,650.

347. Tiziano Vecellio (1), *dit* le Titien, *peintre, mort en* 1576.

Les cheveux sont cachés par un bonnet ; la barbe est longue ; le pourpoint est traversé par deux rangs d'une chaîne à laquelle est suspendu un médaillon à l'effigie de Charles-Quint.—Buste de marbre : hauteur, 0,650.

James Pradier, *né à Genève en* 1790, *élève de Lemot et de Gérard, grand prix de Rome en* 1813, *médaille de* 1re *classe en* 1817 *et* 1848, *nommé chevalier de la Légion d'honneur le* 9 *avril* 1828, *officier en mai* 1834, *membre de l'Institut en* 1827, *mort le* 5 *juin* 1852.

En 1819, il exposait un groupe d'un Centaure et d'une Bacchante et une statue d'une Nymphe ; en 1822, un fils de Niobé que nous possédons ; Psyché, en 1824 ; Prométhée et Vénus, en 1827 ; les trois Grâces, en 1831 ; Cyparisse et son cerf, en 1833 ; en 1834, Satyre et Bacchante ; en 1836, Vénus et l'Amour. Des travaux pour le Musée de Versailles, d'autres pour les villes et les églises du midi de la France ont occupé les années qui ont suivi. L'on voit à Paris, dans le jardin des Tuileries, son Prométhée ; un bas-relief à l'arc de triomphe du Carrousel ; des Renommées à l'arc de l'Etoile. Il a fait pour Genève la statue de Jean-Jacques Rousseau, et le Musée de cette ville a réuni plusieurs œuvres de l'artiste né dans ses murs.

348. Un fils de Niobé.

Le moment représenté est celui où ce jeune prince, s'exerçant à la gymnastique, est percé d'une flèche par Apollon. Il est nu ; le genou droit est replié et posé sur les plis d'un manteau recouvrant un rocher ; la main droite est appuyée sur un fragment détaché ; le bras gauche, replié et rejeté en arrière, arrache une flèche profondément engagée dans le cou. Sur un disque posé à terre et que cache en partie le manteau, on lit : niobé par pradier fait a rome. 1822. — Statue de marbre : hauteur, 1,440.

---

(1) F. Villot, *Notice des tableaux exposés au Musée impérial du Louvre* (écoles d'Italie), p. 264.

Pradier.

348 *bis*. Psyché.

Debout, à demi nue, elle ramène sur ses seins ses bras croisés et cherche à saisir un papillon posé sur le bras gauche. Sur le socle sont inscrits les mots : J. PRADIER, ROME 1824. — Statue de marbre : hauteur, 1,900.

Pradier.

349. La Toilette d'Atalante.

La jeune fille, nue, la tête couronnée de fleurs, a un genou en terre et la jambe gauche repliée ; les deux mains sont occupées à attacher au pied gauche la chaussure ; un collier et deux bracelets sont posés sur le sol où l'on voit trois fruits sur l'un desquels est inscrit le nom de PRADIER et la date 1850. — Statue de marbre : hauteur, 0,960.

Pradier.

349 *bis*. Sapho.

Assise, drapée, elle soutient des deux mains sa jambe gauche repliée. Sa lyre est posée à son côté droit. — Statue de marbre : hauteur, 0,128 ; longueur, 0,116.

350. François-Marius Granet, *peintre, né à Aix en 1775, mort en 1849.*

Il est coiffé d'un bonnet qui accuse la forme de la tête et est tel que ceux que portaient les Italiens du XVe siècle. On lit sur le devant du marbre : GRANET, et sur le côté : J. PRADIER. — Buste de marbre : hauteur, 0,530.

Pradier.

351. Charles Percier (1), *architecte de l'empereur Napoléon Ier, né à Paris en 1764, mort en 1838.*

Le front est dégarni ; les cheveux sont courts et plats ; l'habit est celui de l'Institut, et la croix celle de la Légion d'honneur. — Buste en marbre : hauteur, 0,660.

Pierre-Sébastien GUERSANT, *né à Déols (Indre) le 20 janvier 1789, élève de Cartellier, médailles de 2e classe en 1818 et 1822, mort à Paris le 8 février 1853.*

352. Germain Pilon, *sculpteur, mort en 1590.*

Il est coiffé d'une sorte de chapeau et vêtu d'un pourpoint sur lequel le col est rabattu ; une médaille à l'effigie de François Ier est suspendue à un cordon. Le nom de GUERSANT est gravé sur le côté. — Buste en marbre : hauteur, 0,860.

Il a été exposé en 1824.

François RUDE (2), *né à Dijon le 4 janvier 1784, élève de Devosge et de Cartellier, 1er grand prix de Rome en 1812, nommé chevalier de la Légion d'honneur le 1er mai 1833, grande médaille d'honneur en 1855, mort le 3 novembre 1855.*

Ses premiers travaux à Paris, de 1807 à 1814, se confondent avec ses études ; ceux que, retiré en Belgique, il exécuta à Bruxelles et à Ter-vueren, sont les prémices habiles de son mâle talent. Rentré à Paris en 1827, Rude se fit connaître aussitôt par sa statue de Mercure ; après 1830, il sculpta sur l'arc de triomphe de l'Etoile la portion de la frise où est représentée l'armée française revenant d'Égypte. Il a laissé sur le même monument l'œuvre qui a illustré son nom, le groupe du Départ. Aux trois statues que possède le Musée, ajoutons le maréchal de Saxe, à Versailles ; au nouveau Louvre, Houdon et N. Poussin. A Dampierre, pour M. le duc de Luynes, il a fait une

---

(1) Eud. Soulié, *Notice des peintures et sculptures composant le Musée impérial de Versailles*, 1re part., n° 1473, p. 425.

(2) *Rude, sa vie, ses œuvres.* Paris, Dentu, 1856.

statue d'argent du roi Louis XIII; pour la ville de Châteauroux, une statue de bronze du général Bertrand; pour la ville de Beaune, Gaspard Monge. Deux marbres, Hébé et l'Amour dominateur du monde, ont été ses dernières compositions. M. Paul Cabet les a terminés pour le Musée de Dijon.

353. Mercure rattachant sa talonnière.

Nu, debout, le messager des dieux est représenté au moment où il vient de tuer Argus, vainqueur et remontant au ciel. — Statue de bronze : hauteur, 2,100.

L'esquisse de cette figure avait été commencée à Bruxelles; Rude en fit le plâtre, à Paris, pour l'exposition de 1828. Le bronze a été, en 1834, acheté par l'Etat.

Rude.

353 bis. Jeune Pêcheur jouant avec une tortue.

L'enfant nu, coiffé du bonnet napolitain, est assis sur son filet; il a passé un brin de jonc autour du cou d'une tortue et suit, en riant, la marche embarrassée de l'animal captif. — Statue de marbre : hauteur, 0,850 ; longueur, 0,840.

Rude.

353 ter. Jeanne d'Arc.

Debout, dans l'habit d'une jeune fille, appuyée sur des armes, elle écoute les voix célestes. — Statue de marbre : hauteur, 2,000. — On lit sur la base : F. RUDE, 1852.

Elle a été retirée du jardin du Luxembourg, le 10 février 1872.

Rude.

354. Le Christ.

Couronné d'épines, adossé à la croix. — Demi-figure,

marbre : hauteur, 0,105. — Sur la base, on lit :
F. RUDE.

Rude.

354 bis. J.-F. GALAUP DE LAPÉROUSE, *navigateur, né à Alby en* 1741.

Buste de marbre : hauteur, 0,800.

Il a été exécuté en 1828.
Il est placé dans une des salles du Musée de marine.

Rude.

354 ter. JACQUES-LOUIS DAVID, *peintre, né à Paris en 1748, mort à Bruxelles en* 1825.

Le front est découvert et les cheveux sont relevés ; un manteau est drapé sur la poitrine et laisse voir la chemise qui est entr'ouverte. On lit sur le côté le nom du sculpteur et la date de l'exécution : F. RUDE. 1833. — Buste de marbre : hauteur, 0,880.

Rude et Roman.

355. CATON.

Debout, nu, la tête et le côté droit drapés. On lit sur la base : ROMAN INCHOAVIT . RUDE AMICUS SUPERSTES PERAGEBAT MDCCCXL. — Statue de marbre : hauteur, 2,660.

Placée, à l'origine, dans le jardin des Tuileries, elle avait été portée à Compiègne, d'où elle a été retirée le 25 août 1872, pour être conservée au Louvre.

JEAN-JACQUES-MARIE-CARL ELSHOECT, *né à Dunkerque (Nord) en août* 1799, *élève de son père et du baron Bosio, médaille de 2e classe, mort à Paris le 27 février* 1856.

355 bis. CLAUDE GELLÉE, *dit* LE LORRAIN, *peintre et graveur, né en* 1600, *mort en* 1682.

La chevelure est abondante, le cou est nu; le pourpoint est orné de taillades.—Buste de marbre : hauteur, 0,810. On lit sur le côté : CARL ELSHOECT SCVLP. 1849.

ACHILLE-JOSEPH-ÉTIENNE **VALOIS**, *né à Paris le 12 janvier* 1785, *élève de David et de Chaudet,* 2e *grand prix de Rome en* 1808, *médaille de* 1re *classe en* 1817, *chevalier de la Légion d'honneur en* 1829, *mort à Paris le* 17 *décembre* 1862 (1).

Ses travaux les plus importants ont été détruits à la suite de nos révolutions; une sculpture de Valois a été vue longtemps ornant une fontaine dans la rue du Regard; c'est un bas-relief, dans le style du seizième siècle, d'une Nymphe des eaux. La fontaine a été démolie, il y a quelques années, avec la maison qui la supportait, mais l'élégance de l'œuvre a sauvé le bas-relief qui a été transporté dans le jardin du Luxembourg et, dans une disposition nouvelle, adossé à la fontaine de Médicis.

356. ANTOINE-DENIS CHAUDET, *sculpteur, né à Paris en* 1763, *mort en* 1810.

Les cheveux sont courts, le cou est nu ; un manteau est drapé sur la poitrine. — Buste de marbre : hauteur, 0,770.

Lorsqu'il fut exposé en 1817, le Livret indiqua que ce buste de Chaudet avait été fait de souvenir par son élève (en 1811).

GEORGES **JACQUOT**, *né à Nancy le* 7 *février* 1794, *élève de Bosio,* 1er *grand prix de Rome en* 1820, *médaille de* 2e *classe en* 1831, *chevalier de la Légion d'honneur en* 1857.

357. NICOLAS BERGHEM, *peintre et graveur, né à Harlem en* 1624, *mort en* 1683.

(1) J. DU SEIGNEUR, nécrologie, *Revue universelle des Arts*, t. XVII, p. 65.

La chevelure est longue et flottante; le col est rabattu sur le pourpoint et un manteau est drapé sur l'épaule gauche. On lit sur la base : BERGHEM, et derrière le marbre le nom du sculpteur, avec la date : F. JACQUOT. 1820. — Buste : hauteur, 0,800.

MESSIDOR-LEBON **PETITOT**, *né à Paris le 23 juin 1794, élève de Cartellier, grand prix de Rome en 1814, chevalier de la Légion d'honneur et membre de l'Institut, mort à Paris le 1ᵉʳ juin 1862* (1).

358. CLAUDE, COMTE DE FORBIN (2), *chef d'escadre, mort en* 1732.

Buste de marbre : hauteur, 0,970.

Il a été exposé en 1822.
Il est placé dans une des salles du Musée de marine.

LOUIS-DENIS **CAILLOUETE**, *né à Paris en 1791, élève de Cartellier et de Girodet, médaille de 2ᵉ classe en 1822, mort à Paris en* 1868.

359. JACOB RUYSDAEL, *peintre et graveur, né à Harlem vers* 1630, *mort en* 1681.

Les cheveux sont courts ; un col est rabattu sur un pourpoint boutonné ; le manteau est à collet. On lit sur la base : RUISDAEL. — Buste de marbre : hauteur, 0,820.

Il a été exposé en 1822.

JACQUES-ÉDOUARD **GATTEAUX**, *né à Paris en 1788, élève de son père et de Moitte, 1ᵉʳ grand prix de Rome (gravure en médailles) en 1809, médaille de 2ᵉ classe en 1824, médaille de 1ʳᵉ classe en 1831, chevalier de la Lé-*

---

(1) J. DU SEIGNEUR, *Revue universelle des Arts*, t. XV, p. 338.
(2) MOREL-FATIO, *Notice du Musée de marine*, 1853, p. 172.

gion d'honneur le 10 novembre 1833, officier en 1861, membre de l'Institut en 1845.

360. MICHELANGE BUONARROTI, *sculpteur, peintre et architecte, né en Toscane l'an 1475, mort en 1564.*

Les cheveux sont courts et ondulés ; la barbe est longue ; le pourpoint est fermé sur la poitrine et un manteau est drapé sur l'épaule gauche. Sur la base est gravé le nom de MICHEL-ANGE, et sur l'épaule la signature du sculpteur : E. GATTEAUX 1823. — Buste de marbre : hauteur, 0,970.

Gatteaux.

361. SEBASTIANO DI LUCIANO, *dit* SÉBASTIEN DEL PIOMBO, *peintre, né à Venise en 1485, mort à Rome en 1547.*

La tête est coiffée d'un bonnet ; la barbe est longue ; le pourpoint est traversé par deux rangs d'une chaîne. On lit sur le devant : SEBASTIEN DEL PIOMBO, et sur l'épaule droite : E. GATTEAUX. 1827. — Buste de marbre : hauteur, 0,980.

DENIS **FOYATIER**, *né à Bussière (Loire), élève de Marin et de Lemot, médaille de 2ᵉ classe en 1819, chevalier de la Légion d'honneur le 1ᵉʳ mai 1834, mort en 1863.*

362. FRANCESCO PRIMATICCIO, *dit* LE PRIMATICE, *peintre, sculpteur et architecte, né à Bologne en 1504, mort à Paris en 1570.*

Il est coiffé d'un bonnet et vêtu d'un pourpoint que recouvre une robe garnie de fourrure. Au-dessous de l'épaule droite on lit le nom du sculpteur et la date : FOYATIER F.ᵀ 1826. — Buste de marbre : hauteur, 0,580.

Louis-Victor BOUGRON, *né à Paris en 1796, élève de Dupaty, médaille de 2e classe en 1824, mort.*

363. PIETRO VANNUCCI, *dit* LE PÉRUGIN, *peintre, né près de Pérouse en 1446, mort en 1524.*

Il est coiffé d'un bonnet et les cheveux sont longs et pendants. On lit sur l'un des côtés : L. V. BOUGRON. 1827. — Buste de marbre : hauteur, 0,740.

Bougron.

364. CHARLES – LOUIS DUCOUÉDIC (1), *capitaine de vaisseau, né en Bretagne, mort en 1799.*

Un manteau drapé cache le costume d'officier de marine. On lit sur le manteau le nom du sculpteur et la date : BOUGRON. PARIS. 1830. — Buste de marbre : hauteur, 0,810.

Il est placé dans une des salles du Musée de marine.

Bougron.

365. VICTOR–MARIE D'ESTRÉES, *duc et pair, maréchal de France, vice–amiral, né à Paris en 1660, mort en 1737.*

Buste de marbre : hauteur, 0,840. On lit sur le côté : L. V. BOUGRON. PARIS 1834.

INCONNU.

366. PETER–PAUL RUBENS, *peintre, né à Cologne en 1577, mort à Anvers en 1640.*

(1) MOREL-FATIO, *Notice du Musée de marine*, pp. 175, 176.

La chevelure, les cheveux et la moustache sont très-tourmentés ; le col imite une dentelle ; le manteau est drapé. On lit sur la base : PIERRE PAUL RUBENS. — Buste de marbre : hauteur, 0,650.

CHARLES-FRANÇOIS LEBOEUF-NANTEUIL, *né à Paris en 1792, élève de Cartellier, grand prix de Rome en 1817, médaille de 1re classe en 1827, membre de l'Institut en 1831, officier de la Légion d'honneur, mort à Paris le 1er novembre 1865.*

367. PIERRE PRUD'HON, *peintre, né à Cluny en 1758, mort à Paris en 1823.*

Les cheveux sont courts et frisés ; la cravate forme deux tours ; le vêtement est garni de fourrure. Sous l'épaule droite on lit : L. NANTEUIL. 1828. — Buste de marbre : hauteur, 0,750.

ISIDORE-HIPPOLYTE BRION, *né à Paris le 18 décembre 1799, élève de Bosio, médaille de 2e classe en 1819, mort à Paris le 24 octobre 1863.*

368. P.-AND. DE SUFFREN SAINT-TROPEZ, *souvent nommé le* BAILLY DE SUFFREN, *chef d'escadre, né à Saint-Caussat (Provence) en 1726, mort en 1788.*

Buste de marbre : hauteur, 0,750. On lit sur le côté le nom du sculpteur et la date de l'exécution : BRION. 1830.

Il est placé dans une des salles du Musée de marine.

369. COMTE DE LAMOTTE-PIQUET, *lieutenant général des armées navales, né à Rennes en 1720, mort à Brest en 1791.*

Buste de marbre : hauteur, 0,720. On lit au-dessous :
BRION FECIT 1833.

Il est placé dans une des salles du Musée de marine.

Astyanax-Scevola **BOSIO**, *né à Paris le 2 frimaire an II, neveu et élève du baron Bosio, médaille de 2ᵉ classe en 1838.*

370. Louis-Antoine, comte de Bougainville, *né à Paris en 1729, mort en 1811, s'est illustré par le voyage qu'il fit autour du monde de 1766 à 1769.*

Buste de marbre : hauteur, 0,700. On lit sous l'épaule : BOSIO NEVEU. F.ᵀ· 1831.

Il est placé dans une des salles du Musée de marine.

Louis-Joseph **DAUMAS**, *né à Toulon (Var) le 24 janvier 1801, élève de David (statuaire), médaille de 2ᵉ classe en 1845, 1848 et 1857, chevalier de la Légion d'honneur en 1868.*

371. J.-Noel, baron de Sané (1), *ingénieur des constructions navales, né à Brest en 1740, mort à Paris en 1831.*

Buste de marbre : hauteur, 0,740.

Il est placé dans une des salles du Musée de marine.

Joseph-Marius **RAMUS**, *né à Aix, élève de Corto, médaille de 2ᵉ classe en 1821, médaille de 1ʳᵉ classe en 1839, chevalier de la Légion d'honneur le 4 octobre 1852.*

372. Anne-Hilarion de Cotentin, comte de Tour

---

(1) Morel-Fatio, *Notice du Musée de marine*, p. 170

VILLE, vice-amiral, né près de Coutances en 1642, mort en 1701.

Buste de marbre : hauteur, 0,890. On lit sur la base : TOURVILLE, et sur le côté : RAMUS 1833.

Il est placé dans une des salles du Musée de marine.

JEAN-PIERRE **DANTAN**, né à Paris, élève de Bosio, médaille de 2ᵉ classe en 1831, chevalier de la Légion d'honneur le 22 juin 1841, mort en 1869.

373. JEAN BART (1), chef d'escadre, né à Dunkerque en 1651, mort en 1702.

Buste de marbre : hauteur, 0,950. On lit sur la base : JEAN BART, et sur le côté : DANTAN J.ᴺᴱ 1834.

Il est placé dans une des salles du Musée de marine.

VICTOR **THERASSE**, né à Paris en 1797, médaille de 2ᵉ classe en 1834, mort en 1864.

374. ABRAHAM, MARQUIS DUQUESNE, seigneur du Bouchet, chef d'escadre, né à Dieppe en 1610, mort en 1688.

Buste de marbre : hauteur, 0,820. On lit sur le côté le nom du sculpteur et la date : THERASSE. 1834.

Il est placé dans une des salles du Musée de marine.

J.-B. JOSEPH **DEBAY**, né à Malines le 16 octobre 1779, élève de l'Académie et de Chaudet, médaille de 2ᵉ classe en 1817, chevalier de la Légion d'honneur le 11 janvier 1825, mort à Paris le 14 juin 1863, restaurateur des statues du Louvre.

(1) MOREL-FATIO, *Notice du Musée de marine*, p. 169

Ses premiers travaux ont été, de 1800 à 1816, consacrés à la ville de Nantes; ceux qu'il a exécutés à Paris sont nombreux : la sculpture d'un œil de bœuf, dans la cour du Louvre; une statue de Périclès, dans le jardin des Tuileries; des bustes, au musée de Versailles. Pour Montpellier, la statue équestre de Louis XIV.

Il avait exposé, en 1827, le groupe des trois Parques que nous avons revu au salon de 1855. Sa dernière œuvre a été le groupe de Faustulus.

375. MERCURE.

« Le moment représenté est celui où ce dieu prend sa sagitte magique pour trancher la tête d'Argus, après l'avoir endormi au son de sa flûte. » (1) — Statue de marbre : hauteur, 0,125.

Longtemps placé sur la terrasse de Compiègne en pendant de la statue d'Argus, il a été porté au Musée le 10 septembre 1872, pour y être restauré et conservé.

Debay.

375 bis. ANTOINE-JEAN, BARON GROS, *peintre, né à Paris en 1771, mort en 1835.*

Buste de marbre : hauteur, 0,840. On lit sur la base le nom de GROS, et sur le côté la signature du sculpteur : DE BAY. 1836.

AUGUSTE-ALEXANDRE **DUMONT**, *né à Paris, élève de son père et de Cartellier, 1er grand prix de Rome en 1823, médaille de 1re classe en 1831, chevalier de la Légion d'honneur le 20 février 1836, officier en 1841, commandeur en 1870, grande médaille d'honneur en 1855, membre de l'Institut le 28 décembre 1839.*

376. PIERRE-NARCISSE, BARON GUÉRIN, *peintre, né à Paris en 1774, mort à Rome en 1833.*

(1) *Explication des ouvrages de sculpture*, 1822 et 1824.

Les cheveux sont courts et ondulés ; la chemise est ouverte ; la cravate nouée négligemment ; un manteau est drapé sur l'épaule. On lit sur la base : GUERIN, et sur le côté le nom du sculpteur et la date : AG.^{TE} DU-MONT. 1836. — Buste de marbre : hauteur, 0,750.

VICTOR **HUGUENIN**, *né à Dôle (Jura) le 21 février 1802, élève de Ramey fils, médaille de 2e classe en 1835, mort en 1860.*

377. CHARLES-HECTOR, COMTE D'ESTAING, *amiral, né en Auvergne en 1720, mort en 1794.*

Buste de marbre : hauteur, 0,800.

<small>Il a été exécuté en 1836.
Il est placé dans une des salles du Musée de marine.</small>

ANATOLE-CÉLESTIN **CALMELS**, *né à Paris le 26 mars 1822, élève de Bosio, de Pradier et de Blondel, prix de Rome en 1839, médaille de 3e classe en 1852 et 1857.*

378. JEAN – LOUIS – ANDRÉ – THÉODORE GÉRICAULT, *peintre, né à Rouen en 1791, mort à Paris en 1824.*

Il a sur la tête un bonnet grec ; le col est rabattu sur la cravate ; l'habit est droit. On lit sur le côté : A. CAL-MELS. 1849. — Buste de marbre : hauteur, 0,800.

AUGUSTIN **COURTET**, *né à Lyon en 1821, élève de Pradier, de Ramey et de Auguste Dumont, médaille de 2e classe en 1848, chevalier de l'ordre royal de François Ier de Naples en 1851.*

379. CHARLES ANDRÉ, *dit* CARLE VAN LOO, *peintre*

ARTISTES VIVANTS.

et graveur, né à Nice en 1705, *mort à Paris en* 1765.

Les cheveux sont ondulés; la chemise, garnie de dentelles, est ouverte; l'habit est doublé de fourrure. On lit derrière l'épaule gauche le nom du sculpteur : COURTET. 1850. — Buste de marbre : hauteur, 0,840.

GUILLAUME **GROOTAERS**, *né à Nantes, élève de Pradier et de Duret.*

380. DENIS PAPIN, *né à Blois vers* 1650, *mort en* 1710. *Physicien célèbre par ses essais sur la puissance de la vapeur.*

Buste de marbre : hauteur, 0,700. On lit sur la base : DENIS PAPIN, et au-dessous du buste : G. GROOTAERS. 1850.

Il est placé au Musée de marine.

THÉODORE-CHARLES **GRUYÈRE**, *né à Paris, élève de Ramey et de Auguste Dumont,* 1er *grand prix de Rome en* 1839, *médaille de* 2e *classe en* 1843, *médaille de* 1re *classe en* 1846, *chevalier de la Légion d'honneur en* 1866.

381. JEAN-BAPTISTE GREUZE, *peintre, né à Tournus le* 21 *août* 1725 (1), *mort en* 1805.

Le front est découvert et les cheveux sont bouclés; la cravate est nouée négligemment; l'habit est doublé de fourrure. On lit sur le piédouche : I. B. GREUZE, et derrière le marbre : BUSTE DE J. B. GREUZE, NÉ A TOURNUS EN 1726, MORT A PARIS EN 1805, P.TRE D'H.RE

(1) F. VILLOT, *Notice des tableaux exposés au Musée impérial du Louvre,* école française.

FAIT PAR TH.ʀᴇ GRUYÈRE DE PARIS. J.ɪᴇʀ 1850. —
— Buste de marbre : hauteur, 0,860.

PIERRE-JEAN **DAVID**, *né à Angers le 12 mars 1789, mort à Paris le 5 janvier 1856.*

<blockquote>
Élève de Roland, 1ᵉʳ grand prix, en 1811 il exécuta, après son séjour à Rome, la statue du grand Condé, dernière pensée de son maître. Son œuvre est considérable : le fronton du Panthéon a été le plus long de ses travaux; Paris en possède un grand nombre, dans ses églises, dans ses cimetières. Plusieurs ont été réunis à Angers; d'autres ont porté son nom dans les principales villes de la France, à New-York, à Athènes. La nomenclature de ses bustes et médaillons est la liste presque complète des illustrations contemporaines. Le 5 août 1826, David d'Angers a remplacé à l'Institut le sculpteur Stouf, et la même année, il fut nommé professeur à l'école des Beaux-Arts.
</blockquote>

382. Philopœmen.

Debout, nu, armé, ayant un casque sur la tête, il retire de sa cuisse droite un javelot qui la traverse de part en part. — Statue de marbre : hauteur, 2,200.

DAVID, d'Angers.

382 bis. Ennius Quirinus Visconti, *né à Rome le 1ᵉʳ novembre 1751, mort à Paris le 7 février 1818. Il fut, en Italie, conservateur du Musée du Capitole; en France, conservateur des antiques et membre de l'Institut.*

Sur le devant du buste, dont la poitrine est terminée carrément, on lit : ᴇɴɴɪᴠs. ǫᴠɪʀɪɴᴜs. ᴠɪsᴄᴏɴᴛɪ, et par derrière : ᴅᴏɴɴᴇ́ ᴀᴠ ᴍᴠsᴇ́ᴇ ᴅᴠ ʟᴏᴜᴠʀᴇ ᴘᴀʀ ʟᴏᴜɪs ᴠɪsᴄᴏɴᴛɪ, ᴀʀᴄʜɪᴛᴇᴄᴛᴇ ᴅᴇ ʟ'ᴇᴍᴘᴇʀᴇᴜʀ. — Buste de marbre : hauteur, 0,640.

<blockquote>
Il est placé dans la salle des vases grecs, où est le plafond d'après M. Ingres, représentant l'apothéose d'Homère.
</blockquote>

SCULPTEUR SUÉDOIS.

JEAN-TOBIE SERGELL, *né en 1740, mort en 1814.*

Fils d'un tailleur de pierre, travaillant à Stockholm, à l'âge de seize ans « il entra à l'école de Larchevêque, sculpteur français, qui avait été appelé en Suède pour y faire des statues destinées aux places publiques; il accompagna son maître en France, en 1759, et, à leur retour, il aida Larchevêque à faire les modèles des statues de Gustave Ier et de Gustave II. Ayant obtenu une pension du roi, il se rendit, en 1767, à Rome (1). » Il y resta douze ans et y a sculpté le Faune que nous possédons. Son œuvre la plus célèbre a été un groupe de l'Amour et de Psyché : destiné à la France, il a été conservé par le roi Gustave III, et est resté au Musée de Stockholm. J. T. Sergell, en France, fut agréé à l'Académie.

384 bis. FAUNE IVRE.

Nu, couché, il relève la jambe droite ; d'une main il tient des raisins, de l'autre il caresse sa barbe. — Statue de marbre : hauteur, 0,60 ; longueur, 1,20.

---

(1) PH. DE CHENNEVIÈRES. *Les Artistes étrangers en France, Revue universelle des Arts*, 1856, t. III, p. 97. Le Catalogue de son œuvre, p. 102.

SCULPTEURS ITALIENS.

FIN DU XVIIIe SIÈCLE ET COMMENCEMENT DU XIXe.

Antoine **CANOVA** (1), *né à Possagno (territoire de Venise) le 1er novembre 1757, élève de deux sculpteurs vénitiens, Torretti et Ferrari, pensionnaire du sénat de Venise à Rome, mort le 12 octobre 1822.*

Il n'est peut-être aucun artiste des temps modernes qui, de son vivant, ait recueilli autant de gloire et d'honneurs; il quitta Venise en 1779 et vint à Rome, où sa réputation atteignit, en quelques années, une telle hauteur, que, lorsque le Musée du Vatican fut privé, par les conquêtes de la France, des plus belles statues de l'antiquité, le pape Pie VII voulut que le Persée de Canova fût mis au Belvédère en la place qu'avait occupée l'Apollon. C'est à lui que Florence demanda plus tard une statue de Vénus pour remplacer la Vénus de Médicis. A Paris, la renommée de Canova s'établit par sa statue de la Madeleine, qui y fut exposée en 1801, un an avant le premier voyage de l'illustre sculpteur : il y venait faire un buste du premier consul et l'emporta à Rome où il commença ses études pour la statue colossale de Napoléon. Canova fit un second voyage à Paris en 1810 pour faire le buste de l'impératrice Marie-Louise, et y revint une troisième fois en 1815. La liste de ses œuvres est très-considérable (2). Les derniers temps de sa carrière furent occupés par la construction d'un temple, à Possagno, sa patrie.

383. L'Amour et Psyché.

L'Amour semble arrêter son vol pour serrer dans ses bras Psyché, qui s'abandonne à ses caresses et rapproche de ses lèvres, par un gracieux mouvement des bras, la tête de son jeune amant : tous deux sont nus. — Groupe de marbre : longueur, 1,680.

Cette composition, qui a été répétée par Canova, est une œuvre de la fin du XVIIIe siècle.

---

(1) Quatremère de Quincy, *Canova et ses ouvrages*, Paris, 1834.
(2) Missirini.

Canova.

384. L'Amour et Psyché.

Tous deux sont debout; l'Amour, entièrement nu, entoure du bras droit la jeune Psyché qui, d'une main, tient un papillon et de l'autre rapproche l'une de celles de l'Amour pour l'y déposer; une draperie cache la partie inférieure du corps de Psyché. — Groupe de marbre : hauteur, 1,500. Le piédestal, de forme circulaire, est décoré de guirlandes de fleurs, avec un papillon au-dessus.

Lorsque Canova vint à Paris pour la première fois, en 1802, il alla voir au château de Villiers ses deux groupes de l'Amour et Psyché, qui y étaient placés depuis peu de temps.

CALDELARI.

385. Narcisse.

Debout, nu, ayant sur le dos un carquois et une draperie qui retombe de l'épaule gauche sur le bras, il est penché et regarde le sol où est indiqué un courant d'eau; le visage exprime la surprise. Sur une masse de rochers on lit l'inscription qui suit : CALDELARI. F.^{T} 1804. — Statue de marbre : hauteur, 1,350.

CARDELLI.

386. Gérard Dov, *peintre, né à Leyde en 1598, mort en 1674.*

La chevelure est longue et flottante; un bonnet couvre la tête; un manteau est drapé sur l'épaule droite. Au-dessous du marbre on lit : P. CARDELLI FECIT. 1804. — Buste de marbre : hauteur, 0,700.

Alexandre RONDONI.

387. RAFFAELLO SANZIO (1), *peintre et architecte, né à Urbin en 1483, mort en 1520.*

La chevelure est longue et flottante; le costume est un manteau à manches. Le nom du sculpteur est tracé sur le collet : ALESSANDRO RONDONI FECIT. — Buste de marbre : hauteur, 0,630.

388. ANNIBALE CARRACI, *peintre et graveur, né à Bologne en 1560, mort à Rome en 1609.*

Les cheveux sont courts et plats; la moustache et la barbe sont taillées en pointe; un manteau est drapé sur la poitrine. — Buste de marbre : hauteur, 0,700.

---

(1) F. VILLOT, *Notice des tableaux exposés au Musée du Louvre*, écoles d'Italie.

TABLE ALPHABÉTIQUE

DES

SCULPTEURS DONT LES ŒUVRES SONT DÉCRITES
DANS CETTE DEUXIÈME PARTIE.

	Pages.
ADAM (Lambert-Sigisbert).............................	140
ADAM (Nicolas-Sébastien).............................	152
ALLEGRAIN (Gabriel-Christophe).......................	147
BEGUIN (Maurice)....................................	177
BERNIN..	116
BLAISE (Barthélemy).................................	164
BOCQUET (Simon-Louis)..............................	164
BOIZOT (Simon-Louis)................................	157
BOSIO (Astyanax-Scevola)............................	191
BOSIO (François-Joseph).............................	173
BOUCHARDON (Edme)................................	145
BOUGRON (Louis-Victor).............................	189
BOUSSEAU (Jacques).................................	139
BRIDAN (Pierre-Charles).............................	180
BRION (Isidore-Hippolyte)...........................	190
BUIRETTE (Jacques).................................	118
CAFFIERI (Jean-Jacques).............................	149
CAILLOUETE (Louis-Denis)...........................	187
CALDELARI..	199
CALLAMARD (Charles-Antoine)........................	169
CALMELS (Anatole-Célestin)..........................	194
CANOVA (Antoine)...................................	198
CARDELLI..	199

	Pages.
Cayot (Augustin).......................................	138
Chaudet (Antoine-Denis)................................	166
Chinard (Joseph).......................................	169
Clodion (Claude-Michel, connu sous le nom de)..........	160
Cortot (Jean-Pierre)...................................	177
Coudray (François).....................................	138
Courtet (Augustin).....................................	194
Coustou (Guillaume)....................................	136
Coustou (Guillaume)....................................	142
Coustou (Nicolas)......................................	134
Coyzevox (Charles-Antoine).............................	123
Dantan (Jean-Pierre)...................................	192
Daujon...	171
Daumas (Louis-Joseph)..................................	194
David d'Angers...	196
Debay (J.-B.-Joseph)...................................	192
Dejoux (Claude)..	150
Delaistre (François-Nicolas)...........................	165
Deseine (Louis-Pierre).................................	169
Desjardins (Martin)....................................	120
D'huez (Jean-Baptiste).................................	153
Dumont (Auguste-Alexandre).............................	193
Dumont (Edme)..	154
Dumont (François)......................................	139
Dumont (Jacques-Edme)..................................	172
Dupaty (Charles).......................................	174
Elshoect (Jean-Jacques-Marie-Carl).....................	185
Falconet (Étienne-Maurice).............................	148
Fessard (Pierre-Alphonse)..............................	176
Flamen (Anselme).......................................	138
Flatters (Jean-Jacques)................................	179
Foucou (Jean-Joseph)...................................	163
Foyatier (Denis).......................................	188
Francin (Claude-Clair).................................	153
Gatteaux (Jacques-Édouard).............................	187
Gillet (Nicolas-François)..............................	149

	Pages.
GIRARDON (François)	116
GIRAUD (Pierre-François-Grégoire)	180
GOIS (Étienne-Pierre-Adrien)	154
GROOTAERS (Guillaume)	195
GRUYÈRE (Théodore-Charles)	195
GUERSANT (Pierre-Sébastien)	183
HARDY (Jean)	133
HOUDON (Jean-Antoine)	155
HUGUENIN (Victor)	194
HURTRELLE (Simon)	133
HUTIN (Charles-François)	146
HURTINOT (Pierre)	120
JACQUOT (Georges)	186
JULIEN (Pierre)	158
LADATTE (François)	142
LECOMTE (Félix)	160
LEGENDRE-PRÉRAL (Jean)	179
LEGROS (Pierre)	130
LEHONGRE (Étienne)	119
LEMIRE (Charles-Gabriel)	171
LEMOYNE (Jean-Baptiste)	155
LEMOYNE (Jean-Louis)	136
LEPAULTRE (Pierre)	130
LORTA (J.-F.)	171
MANSION	175
MATTE (Nicolas-Augustin)	175
MILHOMME (François-Dominique-Aimé)	170
MONOT (Martin Claude)	161
MOUCHY (Louis-Philippe)	154
NANTEUIL (Charles-François Lebœuf-)	190
PAJOU (Augustin)	150
PETITOT (Messidor-Lebon)	187
PIGALLE (Jean-Baptiste)	144
PRADIER (James)	181
PROU (Jacques)	132
PUGET (Pierre)	111

TABLE ALPHABÉTIQUE.

Pages.

Ramus (Joseph-Marius).................................... 191
Roman (Jean-Baptiste-Louis)............................... 178
Roland (Philippe-Laurent)................................. 162
Rondoni (Alexandre)....................................... 200
Rousselet (Jean).. 132
Rude (François)... 183
Ruxthiel (Henri-Joseph)................................... 172
Sergell (Jean-Tobie)...................................... 197
Slodtz (Paul-Ambroise).................................... 143
Slodtz (Sébastien).. 143
Stouf (Jean-Baptiste)..................................... 163
Theodon (Jean-Baptiste)................................... 129
Therasse.. 192
Thierry (Jean).. 140
Valois (Achille Joseph-Étienne)........................... 186
Van-Clève (Corneille)..................................... 128
Vassé (Louis-Claude)...................................... 146
Vietty (Claude-Marie-Eugène).............................. 177
Vinache (Jean-Joseph)..................................... 141

Imp. Charles de Mourgues frères. — 4008.

SUPPLÉMENT

A LA

DESCRIPTION

DES

SCULPTURES

Du moyen Age et de la Renaissance.

SCULPTEURS ITALIENS

XVe ET XVIe SIÈCLES.

Supp. **46**. PORTE DU PALAIS STANGA, *de Crémone*.

Marbre : hauteur, 7,100 ; largeur, 5,475.

Fin du XVe siècle.

L'un des plus riches spécimens de l'art décoratif, tel que l'ont pratiqué, dans le nord de l'Italie, les sculpteurs formés à l'école de Donatello, et subissant l'influence des grands enseignements de Mantègne. L'imagination qui a présidé au choix et à la disposition des ornements, n'a pas été le seul guide dans l'invention des sujets figurés : deux statues dominent la composition, toutes deux de personnages armés, placés aux deux côtés du seuil comme défenseurs de la maison. L'un est Hercule, prêt à frapper de sa massue, Hercule fondateur de Crémone, de qui les travaux sont représentés dans les trois divisions de la frise et sur les piédestaux des colonnes ; Hercule, dont le nom est gravé sur la tablette du pilastre et que désignent surabondamment les têtes de l'hydre circonscrites dans un médaillon. Le second personnage, contemporain du monument, par le costume et l'armure, appuye sa main droite sur une épée ; ce protecteur moins fabuleux de la maison des Stanga est caché sous le nom de Persée qui, dans la pensée du sculpteur, est bien le héros mythologique, car l'encolure du cheval Pégase, groupé avec les têtes des gorgones, occupe au-dessous de la statue la position qui correspond à celle du médaillon de l'hydre, au-dessous de celle d'Hercule. Il y a là une intention cachée et, ayant à choisir entre les suppositions émises pour parvenir à l'expliquer, nous nous rangeons à l'opinion qui reconnait dans le guerrier du quinzième siècle, le duc de Milan, seigneur de Crémone et protecteur des Stanga. A la même famille illustre des Sforza, nous rattachons les deux figures, de profil et presqu'à mi-corps, qui sont sculptées dans la frise, en saillie et dans l'axe des colonnes ; ces figures qui ont une même couronne et dont le costume est, comme celui du Persée, contemporain de l'œuvre, diffèrent du type traditionnel des têtes de Tibère, Néron, Galba et Vespasien, qui décorent les extrémités de l'entablement et les angles du grand arc. Sur les deux triglyphes de la frise nous retrouvons Hercule terrassant un monstre et, dans la femme qui tient à la main une tête humaine, nous reconnaissons Hérodiade, par le rapprochement d'une petite figure de Saint Jean-Baptiste sculptée sur la clef de l'arc; Jean devant être le nom du possesseur de la maison de qui l'écu armorié occupe une assise de l'une des colonnes. Si nous examinons les compositions diverses et les figures groupées ou isolées que le caprice des sculpteurs a distribuées sur toutes les divisions de la porte, nous pourrons signaler que quelques-unes sont empruntées à des marbres ou des médailles antiques, et quelques-unes connues par des répétitions : tel est à gauche, le médaillon où est représenté le supplice de Marsyas et, au-dessus du joli groupe d'enfants, celui où l'on voit la force entre deux prisonniers; tels à droite, l'homme nu qui quitte son dernier vêtement, et le faune jouant de la flûte. Le groupe, au-dessous, d'une femme qui a soumis un homme robuste de qui elle lie les mains se peut rattacher à l'histoire d'Hercule vaincu successivement par Omphale et par Déjanire.

Le monument considérable que possède aujourd'hui le Louvre a été acheté à Crémone, détaché du palais et transporté à Paris, dans le courant de l'année 1875 ; l'État l'a acquis de Monsieur Waisse qui s'était dévoué à cette entreprise difficile. (1) Le prix d'acquisition a été quatre-vingt mille francs.

Les noms des sculpteurs sont encore inconnus ; à la suite de recherches faites dans les archives de Crémone et qui ont produit des preuves négatives, nous avons récusé les noms indiqués par le Comte Cicognara dans son histoire de la sculpture italienne. Les recherches commencées par Monsieur Louis Courajod, (2) seront continuées à la fin de cette année.

(1) La Perseveranza, 21 novembre 1875 et Bulletino d'ella consulta archeologica, anno II, fasc. 4°. Milano, 1875. — Gazette des beaux-arts, 1er février 1876. — L'Art, Mars 1876.
(2) Journal officiel, 4 février 1876.

NICCOLO, *dit le Tribolo. Florentin, né en 1485, mort en 1550.*

Ses premiers travaux furent ceux qu'il exécuta, à Florence, sous son maître le Sansovino, puis seul à San Casciano, pour Mathieu fils de Laurent Strozzi ; les plus importants, sont ceux de San Petronio à Bologne. C'est, au retour de cette ville et après avoir fait un ange porte-lumière dans la cathédrale de Pise, que le Tribolo rentré à Florence, sculpta, sur la demande de Jean-Baptiste della Palla, chargé des acquisitions de François Ier, la petite statue de la Nature qui fut envoyée au Roi et placée (1) à Fontainebleau. Le siége de Florence, en 1539, fit connaître son habileté à lever et dessiner les plans, et le recommanda à l'attention de Clément VII; le bas-relief du mariage de la Vierge est indiqué comme l'œuvre la meilleure qu'il ait exécutée pour les Papes, dans le sanctuaire de Notre-Dame de Lorette. Michel-Ange le voulut employer à ses grands travaux de la chapelle des Médicis, et Vasari, qui l'aimait, trouva en lui un collaborateur actif: les décorations dressées à Florence, pour l'entrée triomphale de Charles-Quint et à l'occasion du mariage de la fille de l'Empereur et du duc Alexandre, furent en grande partie dues à son invention. Des œuvres plus durables ont été celles qu'il exécuta pour le duc Cosme, dans sa villa de Castello, pour en faire « le plus riche, le plus magnifique et le plus orné jardin de l'Europe. » Ce fut également lui qui, plus tard, dessina les jardins du palais Pitti.

Supp. 47. LA NATURE.

Statue, marbre : hauteur, 1,150 ; largeur, 0,440.

Le haut du corps et les pieds sont ceux d'une femme ; la partie intermédiaire est une sorte de gaine entièrement couverte de figures et ornements en haut-relief. Vasari nous a laissé l'histoire et la description de cette curieuse statue :

« .... Retourné à Florence, le Tribolo rencontra Jean-Baptiste Della Palla qui, en ce temps-là, faisait faire autant qu'il pouvait de sculptures et de peintures pour envoyer en France au roi François Ier, achetait des antiquités de toutes sortes et des peintures de toutes façons, pourvu qu'elles fussent de bons maîtres et journellement les encaissait et expédiait. Et comme précisément le Tribolo revint, Jean-Baptiste avait un vase de granit antique, de forme très-belle et voulait l'accompagner, afin d'en

(1) Vasari. X. p. 248.

faire une fontaine pour le roi, il s'en ouvrit au Tribolo sur ce qu'il en voulait faire. Et, celui-ci s'étant mis à l'œuvre, lui fit une déesse de la nature qui, levant le bras, tient de ses mains ce vase qu'elle a sur la tête; le premier rang de mamelles est garni de petits enfants refouillés et détachés du marbre, qui, tenant dans leurs mains des festons, ont les plus belles attitudes. Le rang qui suit est rempli de quadrupèdes et près des pieds sont des poissons variés. Cette figure fut achevée avec tant de soin et de perfection qu'elle mérita, ayant été envoyée en France avec d'autres choses, d'être très-chère au roi et d'être placée comme une rareté à Fontainebleau. »

Supp. **47** bis. UNE SIBYLLE.

Debout, drapée, portant un livre.
Statuette marbre: xive siècle: hauteur, 0.420; largeur, 0,190.

Don de M. Bonnaffé, 1875.

Supp. **48**. MADONE.

La Vierge assise et vue de profil se penche sur son fils qu'elle presse sous sa main. — Bas-relief découpé, bronze, école italienne, xvie siècle. Provenant du château de Fontainebleau. (1)

L'origine et l'histoire de cette œuvre élégante sont restées inconnues; quelques amateurs l'ont attribuée à Primatice.

Supp. **48** A. LÉON BAPTISTE **ALBERTI**, *architecte, peintre et sculpteur, Florentin, né en 1405, mort en 1472.*

Profil à gauche, bas-relief, bronze, xve siècle: hauteur, 0,155; largeur 0,120.

Don de M. His de la Salle, 1876.

(1) Gazette des beaux-arts, III, 275.

Supp. 48 B. La Flagellation.

Deux hommes nus et armés de masses retiennent et frappent le Christ attaché à un fût de colonne. Les assistants forment sur les côtés deux groupes. Trois pilastres d'ordre ionique décorent le fond. Bas-relief, bronze, par Donatello, XVe siècle : hauteur 0,140, largeur 0,190.

Don de M. His de la Salle. 1876.

Supp. 48 C. Pieta.

Le corps du Christ est étendu sur les genoux de sa mère qui le tient embrassé. Les saintes femmes l'entourent et le soulèvent, Joseph d'Arimathie porte la couronne d'épines et Nicodème les clous du crucifiment. Bas-relief, bronze, XVe siècle : hauteur 0,127 ; largeur, 0,210.

Don de M. His de la Salle, 1876.

Supp. 48 D. La mise au tombeau.

Joseph d'Arimathie et Nicodème portent le corps du Christ qu'ils déposent dans le sépulcre ; l'apôtre Saint Jean le tient embrassé. Les saintes femmes sont rassemblées à l'entour exprimant tous les degrés de la douleur ; l'une d'elle soutient la Vierge qui occupe l'angle droit et à gauche, près d'une femme assise à terre et qui pleure en se cachant le visage, on reconnaît Marie Madeleine portant un vase. Bas-relief, bronze, par Andrea Riccio, XVe siècle : hauteur, 0,137 ; largeur, 0,184.

Don de M. His de la Salle, 1876.

Supp. 48 E. La Vierge et l'enfant Jésus.

Dans l'encadrement d'un portique élégant, la

Vierge debout porte dans ses bras et approche de ses lèvres l'enfant qui tient attaché un oiseau; deux petits anges, montés sur les corniches, à la hauteur des têtes, se prêtent à ses jeux. Près des pieds de la Vierge, quatre enfants nus et ailés, placés deux à deux, exécutent une symphonie. Bas-relief bronze, école de Donatello: hauteur, 0,260; largeur, 0,135.

Don de M. His de la Salle, 1876.

Supp. 48. F. LA VIERGE ET L'ENFANT JÉSUS.

Dans des attitudes différentes, le sujet est le même que celui du bas-relief qui précède: les petits anges, au nombre de sept, qui entourent le groupe de Marie et son divin fils, sont les musiciens du ciel réunis pour l'adoration. Bas-relief, bronze, XVᵉ siècle, école de Donatello. Diamètre 0,180.

Don de M. His de la Salle, 1876.

Supp. 48 G. LA VIERGE ET L'ENFANT JÉSUS.

La mère approche de son sein l'enfant que soutient un ange; à ses pieds sont les petits musiciens. Sur les piédestaux des riches pilastres de l'élégant édicule sont représentés, d'un côté, la Tentation; de l'autre, Adam et Ève chassés du Paradis terrestre. la figure, nue et couchée sur le sol, d'une femme qui tient un fruit, symbolise le printemps éternel du séjour perdu par le premier péché. Bas-relief, bronze, XVᵉ siècle: hauteur, 0,290; largeur, 0.200.

Don de M. His de la Salle, 1876.

Supp. 48 H. LE TRIOMPHE DE L'AMOUR.

Sujet emprunté aux vers de Pétrarque : « Sopra

un carro di fuoco un garzon crudo, — Con arco inmano e con saette à fianchi, — Contra le qual non val elmo, ne scudo. — Sopra gli omeri avea suol due grand'ali — di color mille, e tutto l'altro ignudo. — D'intorno innumerabili mortali, — Parte presi in battaglia, e parte uccisi, — Parte feriti da punganti strali. »

« Sur un char de feu, un jeune et fier garçon, avec un arc dans la main et des flèches aux côtés, contre qui ne servent ni casque, ni bouclier, ayant sur les épaules rien que deux grandes ailes, de mille couleurs, et de tout le reste nu. A l'entour d'innombrables mortels, les uns faits prisonniers dans la bataille, d'autres tués, d'autres frappés de traits pénétrants. »

Un prisonnier est attaché au char; les hommes, que protégent mal leurs armes sont réunis à gauche; non loin d'eux est un groupe d'une femme et d'un homme qui se rapprochent l'un de l'autre, vaincus par l'amour; un musicien les suit, puis un poëte et derrière celui-ci la foule innombrable des victimes de l'amour. — Bas-relief, bronze, fin du XVᵉ siècle. Hauteur, 0,260; largeur, 0,270.

Don de M. His de la Salle, 1876.

Supp. 48 I. MADONE.

Assise sur un siége à dossier et vue de face, elle entoure du bras gauche le corps de son enfant nu, debout, et qui étreint le cou de sa mère. Les mots gravés sur le fond sont : ΜΗΤΕΡ ΘΕΟΥ, mère de Dieu. — Bas-relief, bronze, fin du XVᵉ siècle. Hauteur, 0,155; largeur, 0,095.

Don de M. His de la Salle, 1876.

Supp. 48 J. PASTORALE.

Deux personnages nus; le jeune homme, vu de dos, pose la main sur le bras de la jeune fille. Tout deux sont assis à terre, près d'un fût de colonne supportant un vase. — Bas-relief, bronze, fin du XVe siècle. Diamètre, 0,110.

Don de M. His de la Salle, 1876.

Supp. 48 K. NEPTUNE.

Armé du trident, il presse de la main gauche le gouvernail d'une barque à laquelle sont attachés deux chevaux marins; il l'arrête, à la vue de la Nymphe Amymone qui sort des eaux, pour implorer son secours; la grenade qu'elle a dans une main est un symbole de l'union conjugale. — Bas-relief, bronze, commencement du XVIe siècle. Diamètre 0,220.

Don de M. His de la Salle, 1876.

Supp. 48 L. BENJAMIN, FILS D'ÉLIE, FILS DE SABBATAI, *d'une famille de médecins qui vivait à Ferrare, au XVe siècle.*

Tête de profil, à droite, la tête ceinte de la couronne de lauriers. Elle occupe le centre d'un médaillon très chargé d'inscriptions : à deux rangs circulaires de caractères hébraïques qui encadrent les bords, s'ajoutent quelques mots détachés sur le fond. Le mot VMILITAS se lit près de la tête et est souligné par le mot grec ΤΑΠΕΙΝΩΣΙΣ (sic) qui, dans l'intention du sculpteur, en est la traduction. — Bas-relief, bronze, fin du XVe siècle. Diamètre, 0,160.

La signification des mots hébreux a été expliquée par Monsieur Derenbourg, membre de l'Institut : les vingt-huit premiers, qui expriment des aspirations à la vie éternelle, forment un acrostiche donnant le nom de Benjamin, fils de l'honorable Elie Bëër, le médecin, puisse-t-il vivre de longues et bonnes années ; suivent huit lettres qui sont les premières du verset Job, xix, 25, dont la pensée est la résurrection ; puis douze autres lettres qui sont les premières de Job, xiv, 13. Sur les côtés de la tête, en haut, Benjamin, en bas et en abrégé, fils de l'honorable Sabbataï.

Une inscription latine se lit au revers du bronze :
« POST TENEBRAS SPERO LUCEM FELICITATIS IVDEX DIES VLTIMVS. D. III. M.

Après les ténèbres j'espère la lumière de la félicité, le dernier jour est le juge, 1497.

Don de M. His de la Salle, 1876.

Supp. 48 M. LE CHRIST AU TOMBEAU.

Les trois saintes femmes, Marie-Madeleine, Marie mère de Jacques et Salomé pleurent sur le Christ et tendent des linges à l'entour du sépulcre. — Bas-Relief, bois, école vénitienne, xve siècle. Hauteur, 0,255 ; largeur, 0,310.

Don de M. His de la Salle, 1876.

Supp. 48 N. JEUNE HOMME INCONNU.

Profil, à droite. — Bas-relief, pierre dure d'ardoise. Hauteur, 0,400 ; largeur, 0,300.

Attribué à Donatello.

Supp. 48 O. GALBA, *Empereur*.

Profil, à droite. — Bas-relief, pierre dure d'ardoise. Hauteur, 0,530 : largeur, 0,320.

Supp. 48 P. FAUSTINE, *Impératrice, femme d'Adrien*.

Profil, à gauche. — Bas-Relief, pierre dure d'ardoise. Hauteur, 0,530; largeur, 0,320.

SCULPTEURS FRANÇAIS.

Supp. **69** *bis*. APÔTRE.

Tête, fragment d'une statue, pierre, XIIIe siècle : hauteur, 0,290.

Don de M. Bonnaffé, 1875.

Supp. **84** *bis*. LA VIERGE ET L'ENFANT JÉSUS.

Statue, marbre, commencement du XVIe siècle. Hauteur, 1,830; largeur, 0,600. Debout, Marie porte sur le bras droit le jeune enfant. Sculpture exécutée dans l'esprit de l'école de Tours, dont Michel Colombe est le représentant le plus illustre, elle a été conservée jusqu'à ces dernières année dans le château d'Olivet, près Orléans.

Acquise en 1875, par M. Timbal pour le prix de douze mille francs, elle a été cédée par lui au Musée.

BIBLIOTHEQUE NATIONALE DE FRANCE

3 7531 00640986 7

www.ingramcontent.com/pod-product-compliance
Lightning Source LLC
Chambersburg PA
CBHW062001180426
43198CB00036B/1934